EL MANUAL DE LA TIERRA PURA

Una Aproximación Budista Mahayana
a la Muerte y el Renacimiento

Master YongHua
TEMPLO DE WEI MOUNTAIN

Templo de Wei Mountain
7732 Emerson Pl
Rosemead CA 91770, USA
Tel (626) 766-1009

Título original en inglés: The Pure Land Handbook
Edición original en inglés: Primera Edición, (ISBN 978-0-
9835279-4-7)

ISBN: 979-8-5230246-0-3
© Copyright: Bodhi Light International, Inc.
www.ChanPureland.org
www.BLI2P.org
Número de versión de la traducción: [2.8]

Índice

Índice

Índice

Índice

vi

¿Qué Ocurriría Si ...?

¿Qué ocurriría si usted pudiera acabar con todo el sufrimiento y disfrutar de dicha eterna?

¿Qué ocurriría si usted pudiese alcanzar un estado permanente de felicidad perfecta, sin la dualidad de su opuesto –el dolor?

¿Qué ocurriría si usted pudiese romper el ciclo de la reencarnación y continuar su cultivo espiritual con un movimiento constante hacia adelante, sin perder nunca terreno?

¿Qué ocurriría si usted pudiese cultivar en un mundo de paz, donde todos a su alrededor apoyan sus esfuerzos y usted apoya el de ellos?

¿Qué pasaría si pudiese percibir su Naturaleza Propia, convertirse en un Buda, y realizar el voto de ayudar a todos los seres vivos a alcanzar lo mismo?

Esto es lo que los Budas nos prometen, si cultivamos nuestros jardines internos y plantamos semillas buenas y fuertes que tomen raíz y florezcan.

La búsqueda de la iluminación es un viaje espiritual largo y arduo que puede llevar muchas vidas. Pero hay un camino más corto y más agradable… Se llama, Las Tierras Puras.

Introducción

Hace 2500 años vivió un hombre llamado Siddhartha Gautama que se negó a aceptar el sufrimiento como un hecho inalterable de su vida. En su lugar, hizo el voto de no descansar hasta que hubiese alcanzado la felicidad perfecta.

Tras más de seis años de cultivo vigoroso, donde encontró amargos fracasos, finalmente su búsqueda tuvo éxito, Siddharta fue capaz de poner fin a su sufrimiento y, en el proceso, se iluminó: despertó del sueño de su propia ignorancia y vio la Verdadera Naturaleza de su mente.

Después de que Siddharta consiguiese la iluminación, alcanzó un estado de sabiduría perfecta y se hizo conocido como el Buda Shakyamuni, o simplemente "El Buda" –un título sánscrito que significa "El Despierto".

Afortunadamente para nosotros, Shakyamuni descubrió que él también podía guiar a otros a alcanzar esta felicidad perfecta, y pasó los restantes 50 años de su vida enseñando. Así, Shakyamuni se convirtió en el fundador histórico del budismo.

La felicidad que el Buda descubrió es tan completa y perfecta que, para ser precisos, ni siquiera deberíamos usar realmente la palabra "felicidad", pues esta palabra no puede abarcar la profundidad y la maravilla de este estado. Si pudiésemos percibir cuán dichosa es la iluminación, todos estaríamos esforzándonos por ella. Uno no puede conseguir nada más valioso en esta vida.

Desafortunadamente es increíblemente difícil iluminarse, y la mayoría de nosotros no tendrá éxito en una vida. Pero no debemos desanimarnos. En vez de ello, deberíamos recordar que alcanzar la iluminación ha sido siempre un proceso de varias vidas, y no sería razonable suponer otra cosa.

El budismo enseña que nuestra vida actual no es el final del camino, sino que después de la muerte reencarnaremos en otro cuerpo, de acuerdo con la ley natural de causa y efecto. Si hacemos buenas obras, lo que se conoce como buen karma, y plantamos buenas causas, o semillas, obtendremos beneficio. Si dañamos a otros y hacemos el mal, sufriremos en el futuro. Pero si plantamos buenas semillas y practicamos diligentemente, entonces, vida tras vida, podemos continuar progresando hasta que alcancemos también la iluminación.

Sin embargo, también hemos de darnos cuenta de que la reencarnación es un negocio arriesgado e impredecible: no sólo es difícil evitar crear ofensas en esta vida, sino que también tenemos que soportar las consecuencias de las ofensas que creamos en vidas pasadas. Consecuentemente, el budismo enseña que, tras esta vida, muchas personas renacerán como fantasmas, animales o incluso en los infiernos, donde experimentarán sufrimientos y dificultades, para ser puestos de vuelta en el camino hacia la iluminación.

Así pues, necesitamos un método que no sólo nos ayude en esta vida, sino que también nos asegure que continuaremos progresando en vidas futuras. En este punto es donde la Puerta del Dharma de la Tierra Pura entra en consideración. "Puerta del Dharma", aquí, se refiere a un método o estilo de practicar las enseñanzas de Buda, que son conocidas como el Dharma.

La Escuela de la Tierra Pura está basada en ciertos sutras clave –los sutras son enseñanzas budistas registradas– que son específicamente efectivos en ayudarnos a navegar por los peligros de la reencarnación. Por ejemplo, en el *Sutra donde el Buda habla de Amitabha*, Shakyamuni enseña a sus discípulos acerca de otro Buda, llamado Amitabha, que reside en un mundo lejano, o galaxia en términos modernos, a una distancia muy grande del nuestro.

Según el budismo Mahayana, una de las dos ramas principales del budismo, el Buda Shakyamuni es sólo uno de los incontables Budas que vienen a los diferentes mundos a través del universo, para enseñar a los seres vivos. Amitabha es uno de estos Budas, que hizo 48 grandes votos para ayudar a los seres vivos a conseguir el renacimiento en su mundo, La Tierra Pura Occidental de Dicha Suprema, referida a menudo simplemente como la Tierra Pura.

Gracias a los votos de Amitabha, podemos aprovechar su poder para ayudarnos a alcanzar la Tierra Pura. Si conseguimos renacer allí, nos encontraremos en un ambiente maravilloso que resulta muy dichoso y ayuda al cultivo. En el budismo "cultivo" se refiere a practicar métodos budistas, o Dharmas, tales como la meditación, recitar el nombre de Buda y muchos otros.

Lo más importante es que, si conseguimos llegar a la Tierra Pura, podemos estar seguros de que alcanzaremos la iluminación *en esa misma vida*, y que no tendremos que sufrir de nuevo nunca más.

¿Suena esto demasiado bueno como para ser verdad?

Hay una pega: no es fácil practicar con éxito el Dharma de la Tierra Pura y renacer en la Tierra Pura. Sin embargo, es mucho más fácil llegar a la Tierra Pura que alcanzar la iluminación en esta vida.

Así pues, la Puerta del Dharma de la Tierra Pura hace las enseñanzas de Buda más accesibles a un abanico más amplio de gente. Esto es por lo que la Tierra Pura es la forma de budismo más ampliamente practicada en el mundo hoy en día.

Sin embargo, la Puerta del Dharma de la Tierra Pura resulta todavía muy poco familiar a la mayoría de la gente en Occidente. Por esta razón, el primer objetivo de este libro es proveer una introducción accesible a las enseñanzas de la Tierra Pura, y también al budismo Mahayana en general.

El segundo objetivo de este libro es tratar algunas de las cuestiones prácticas concernientes al Dharma de la Tierra Pura que la gente ha estado preguntándonos. Muchas de esas preguntas eran formuladas por miembros de nuestra asamblea durante las conferencias, o por miembros de la comunidad online que visitan nuestra página web. Deseo agradecer a todas estas personas su participación, sin la que este libro no habría sido posible.

Finalmente, a pesar de su gran popularidad, el budismo de la Tierra Pura está muy malentendido por la amplia mayoría de los que lo practican. Por ejemplo, muchos, a los que les resulta familiar el budismo de la Tierra Pura por su educación o su cultura, conocen en realidad muy poco sobre las enseñanzas apropiadas. Aunque puede que ellos sigan las tradiciones con las que han crecido, y puede que acudan a un templo por ayuda cuando sus seres queridos fallecen, su comprensión del budismo de la Tierra Pura se reduce a menudo a un conjunto de supersticiones. Por ello, el tercer objetivo de este libro es corregir algunas percepciones erróneas comunes sobre el Dharma de la Tierra Pura.

La parte I de este libro bosquejará brevemente la solución budista al problema del sufrimiento, hablando de causa y efecto, reencarnación, iluminación, y el camino a la Budeidad. Las Partes de la II a la V explicarán los elementos básicos del enfoque de la Tierra Pura, y la Parte VI explicará cómo cultivar la Puerta del Dharma de la Tierra Pura. Finalmente, las Partes VII y VIII añadirán algunas conclusiones. Se añaden una sección de Preguntas y Respuestas donde se abordarán preguntas específicas, y un glosario de términos importantes.

Estoy en deuda con mi maestro, el Gran Maestro Xuan Hua, que trajo el Mahayana a Occidente desde China en los años 1960; por ello he hecho el voto de corresponder a su amabilidad convirtiéndome yo mismo en un maestro, esperando pasar lo que yo he aprendido a la siguiente generación.

Tengo grandes esperanzas de que muchos de los que estudian con nosotros y aprenden a recitar el nombre de Buda, alcanzarán sus objetivos deseados y lograrán sus karmas del Camino.

Las enseñanzas del Gran Maestro Hua se basan en el campo completo del Dharma Mahayana, al contrario que la mayor parte de las formas de budismo en este país, que han sido simplificadas para adaptarse a las sensibilidades occidentales. Sin embargo, nuestro punto de vista es que muchas partes importantes del Dharma se perdieron en esa simplificación. Por ello le animamos a leer y mantener una mente abierta, dándose a sí mismo la oportunidad de descubrir las enseñanzas originales de Buda, que han beneficiado a incontables personas a lo largo de los últimos 2.500 años.

I Budismo Básico

1. El Buda Shakyamuni: Nuestro Maestro Original

Tal y como ya hemos comentado, el Buda Shakyamuni es el fundador del budismo. Es el Buda más reciente conocido por la humanidad. Si usted observa las estatuas e imágenes de "Buda" que se encuentran a lo largo del mundo, en templos, hogares, y en los jardines de discípulos y de aquéllos que simplemente admiran el arte asiático, más que probablemente estará viendo una representación de Shakyamuni.

Shakyamuni, que significa "Sabio del clan Shakya", nació como Siddharta Gautama en una familia gobernante en lo que es hoy en día Nepal. En el tiempo de su nacimiento, hace más de 2.500 años, hombres sabios predijeron que Siddharta, o bien se convertiría en un gran gobernante o bien renunciaría a la vida de familia y sería un sabio maestro espiritual.

El padre de Siddharta, el Rey Suddhodana, prefirió que su hijo siguiera sus pasos y se convirtiese en un gran gobernante. Determinado a protegerlo contra la profecía de que renunciaría a su legado real, el rey decidió proporcionarle una vida tan agradable que Siddharta nunca querría abandonarla.

Así pues, desde la niñez hasta la edad adulta, Siddharta estuvo aislado de la vida de afuera de los muros del palacio. Siddharta se casó con su prima en primer grado, la Princesa Yasodhara, y juntos vivieron en uno de los palacios que fueron construidos especialmente para ellos. Sin embargo, aislar a Siddharta de los problemas del mundo no le aportó felicidad. En lugar de ello,

Siddharta se encontraba desencantado. Con la aprobación reluctante del rey, Siddharta hizo cuatro salidas fuera de los muros del palacio, y estas experiencias cambiaron su vida.

Durante sus primeras tres exploraciones, Siddharta tuvo encuentros con la enfermedad, la vejez y la muerte, lo que le turbó grandemente. Se preguntó a sí mismo, "¿Cómo puedo disfrutar una vida de placer cuando hay tanto sufrimiento en el mundo?" En su cuarta salida, encontró a un monje que había abandonado sus posesiones mundanas para encontrar un modo de terminar con el sufrimiento. Este monje impresionó tanto a Siddhartha que decidió renunciar a su reino, su familia y todo lo que poseía a cambio de la vida de monje vagabundo.

A partir de entonces se llamó a sí mismo simplemente Gautama. Vestía las ropas harapientas de un mendigo y se cortó su cabello como símbolo de renunciación a los deseos y placeres mundanos. En su búsqueda por la verdad, Gautama se encontró con los maestros más grandes de su tiempo, pero ninguno pudo decirle cómo terminar con el sufrimiento. Su búsqueda externa por la sabiduría terminó, y cambió su enfoque al interior. Practicó un ascetismo severo, adoptando la creencia que prevalecía entonces de que esto le traería la sabiduría. Sin embargo, tras seis años de punitivas privaciones autoimpuestas, Gautama llegó a este convencimiento: no hay nada que pueda ganarse viviendo en un lujo total o tampoco en su completo opuesto, un severo ascetismo. Gautama llegó así a la comprensión de la filosofía del "Camino Medio". Terminó sus acciones extremas, empezó a comer de nuevo saludablemente, y retomó su fortaleza. Encontrando el equilibrio, fue capaz de conseguir sabiduría.

Un día de primavera, Gautama estaba sentado bajo un árbol de Bodhi y entró en meditación profunda con una concentración inquebrantable en terminar con el sufrimiento. Durante 49 largos días se defendió contra los ataques de Mara, el rey de los demonios. Mara estaba resuelto a impedir que Gautama alcanzase la iluminación y lo asedió con tormentas, granizo y rocas ardientes, pero Gautama permaneció inmóvil. Mara entonces envió ejércitos de demonios para atacarlo. Cuando esto falló, Mara intentó tentar a Gautama enviando a sus hermosas hijas para seducirlo. Pero gracias a su virtud y mérito templados, Gautama permaneció firme. Debido a su tremendo poder de concentración, fue capaz de resistir todos los ataques de Mara.

Tras pasar con éxito las pruebas del demonio, Gautama de repente comprendió la causa del sufrimiento en este mundo y cómo ayudar a otros a terminar con el sufrimiento. Gautama había destruido las cadenas de su propia ignorancia y logrado la iluminación completa y perfecta. Se había convertido en un Buda, y había alcanzado un estado de sabiduría tan perfecta que conoció todo lo que puede ser conocido, tanto sobre las mentes de los seres vivos como sobre el funcionamiento del universo en general. Desde ese momento en adelante, Gautama asumió el nombre de Buda Shakyamuni y pasó los siguientes 50 años de su vida propagando el budismo.

Cuando el Buda se iluminó, alcanzó el Nirvana, que es una palabra sánscrita que significa "cesación" o "extinción tranquila". Nirvana es un estado de dicha y libertad inconcebibles en el que todo el sufrimiento, así como el funcionamiento normal de la mente pensante, son terminados. Cuando el Buda murió, se dice que él "entró en el Nirvana", lo que quiere decir que se liberó de su cuerpo y entró en un estado de paz completa, tan profundo que no puede ser asimilado por nuestra mente racional.

Pero antes de entrar en el Nirvana, el Buda designó al Venerable Maha Kashyapa como el primer patriarca del budismo ortodoxo. Así comenzó un linaje de patriarcas responsables de la propagación y transmisión del Dharma Correcto.

En el AD 470, tras un largo declive del budismo en La India, el Patriarca Bodhidharma llevó el budismo ortodoxo a China. A lo largo de los siglos, se expandió a través de Asia llegando a Japón, Corea, Vietnam, Tailandia y Camboya. En 1962, el Patriarca Xuan Hua continuó el trabajo de los patriarcas y transmitió el Dharma Correcto desde China a los Estados Unidos.

2. Sufrimiento, Ese Derecho Inalienable

La sabiduría de Buda no ha sido superada en la historia humana. Comenzando con su profundo conocimiento del universo en general y el mundo natural en particular –todos los seres vivos y las cosas inanimadas– una de las primeras lecciones que el Buda Shakyamuni impartió a la humanidad fue la Verdad del Sufrimiento, que afirma que la vida, tal y como usualmente la conocemos, está marcada por el sufrimiento.

¿Es esto pesimismo por parte de Buda? No. Es, de hecho, una visión realista de la condición humana sin las gafas de color de rosa que muchos de nosotros estamos entrenados a llevar.

Lo que la gente común llama "felicidad" es, en el mejor de los casos, temporal e impermanente. ¿Cuánto dura su felicidad cuando compra o recibe un regalo? ¿Un día, un mes, un año? Una expectativa fugaz o insatisfecha es un aspecto del sufrimiento. El dolor personal, la duda de uno mismo, los celos, la pena, están entre las muchas formas que el sufrimiento toma en nuestras vidas.

En el fondo, sin embargo, el budismo no es pesimista en absoluto; de hecho, es muy optimista, en tanto que nos enseña cómo superar el problema del sufrimiento y experimentar la dicha, o felicidad verdadera. Irónicamente, la mayor parte de nuestros intentos de perseguir la felicidad llevan a la infelicidad.

Nuestra vida diaria está llena de sufrimiento, la mayor parte de todo ese sufrimiento proviene de las actividades que a menudo asociamos con felicidad o placer. Nuestros órganos de los sentidos reclaman constantemente placeres terrenales. La mente está esforzándose continuamente por satisfacer a nuestros sentidos. Se dice que todos los seres vivos viven dentro de sus órganos sensoriales, que son nuestro puente al mundo físico. Sin embargo, la felicidad que buscamos consiste de ambas cosas, del placer y de su opuesto, el dolor. Piense en una moneda de dos caras. Sólo porque escojamos mirar al lado agradable no significa que el desagrado no exista.

El sufrimiento puede clasificarse en tres tipos:

Sufrimiento dentro del Sufrimiento: también es llamado el sufrimiento de los que no tienen y de los que se quedan cortos con sus expectativas continuamente, resultando en una decepción constante. Por ejemplo, alguien que ya tiene problemas económicos podría, para colmo, caer enfermo sin tener seguro médico. Por tanto, las causas del sufrimiento pueden multiplicarse. El sufrimiento se agrava con más sufrimiento. De la carencia pueden surgir la envidia y los celos, que pueden engendrar odio.

Sufrimiento de la Decadencia: éste se refiere a aquéllos que tienen riqueza, pero sufren pérdidas devastadoras. Por ejemplo, uno puede perder su fortuna y volverse indigente, sin hogar, sin trabajo y solitario. Alguien que no esté acostumbrado a las dificultades puede estar mal preparado para tratar con este tipo de sufrimiento. Podemos sufrir incluso una pérdida mayor con la muerte de un ser querido.

Sufrimiento del Proceso de la Vida: no podemos evitar el ciclo de nacimiento y muerte, ya sea de nuestros pensamientos o de nuestra envoltura física, el cuerpo humano. Nacemos, envejecemos, enfermamos e, inevitablemente, morimos. No importa cuánto dinero tengamos, no podemos parar esta marcha inexorable hacia la muerte. ¿No es eso sufrimiento?

Además de estas tres divisiones, también podemos clasificar el sufrimiento en ocho tipos:

Nacimiento: el nacimiento es un proceso doloroso para ambos, la madre y su hijo o hija; la mayoría de las mujeres experimentan dolores de parto, y el niño o la niña debe experimentar el trauma de dejar el entorno seguro del vientre.

¡Los sabios chinos dicen que la experiencia de nacer en este mundo es como arrancar el caparazón a una tortuga viva!

Envejecimiento: todos debemos afrontar la pérdida de nuestra juventud y las inevitables decadencia corporal y deterioro mental. El sufrimiento físico puede venir de que nuestro cuerpo no sea capaz de hacer frente a lo que venga al envejecer. Podemos tener dificultades caminando, nuestros dientes pueden deteriorarse, nuestra fuerza puede disminuir y podemos sufrir de otras enfermedades.

Con la edad perdemos algo de agudeza mental. Podemos volvernos olvidadizos; podemos no ser capaces de mantener nuestro ritmo de pensamiento y podemos experimentar deterioro mental. Este es un aspecto mental del sufrimiento.

Enfermedad: la enfermedad nos atacará inevitablemente a todos nosotros. Y si estamos atormentados físicamente por la enfermedad, nuestros familiares y seres queridos probablemente sufran en forma de preocupación, tristeza o pérdida de sueño; puede que incluso descuiden su trabajo por causa de nuestra situación.

Muerte: la mayoría de nosotros estamos aterrorizados por la muerte. Incluso el más enfermo y más desdichado entre nosotros tiene dificultad enfrentándose a la muerte, quizás porque estamos apegados a lo que conocemos y tememos lo desconocido.

Estar Separado De los Seres Que Amamos: anhelamos estar con nuestros seres queridos, pero a veces debemos estar separados de ellos. La separación puede ser temporal, como en un viaje, o permanente, como en la muerte. En cualquier caso, el anhelo puede causar gran ansiedad y sufrimiento.

Estar con Aquéllos Que Odiamos: a menudo debemos estar juntos con personas que detestamos. Hay un dicho: "Ver al enemigo es como sentir una aguja en los ojos, estar junto a aquéllos que odiamos es como probar cosas amargas y dormir en una cama de clavos."

No Obtener Lo Que Queremos: podemos revolcarnos en la miseria cuando nuestros deseos no están satisfechos. Cuanto más intenso sea el deseo, más amarga es la decepción cuando no se satisface. Muchos de nosotros no conseguimos la fama, riqueza o amor a los que aspiramos.

El Sufrimiento de los Cinco Skandhas Furiosos: Skandha es una palabra sánscrita,[1] que significa "Montón" o "Pila". Como personas estamos definidos por cinco aspectos:

1. Forma: el aspecto físico

2. Sentimientos: de placer o de dolor

3. Pensamiento: nuestros procesos mentales

15

4. Actividad: el proceso de pensamiento de bajo nivel, que es como una corriente subterránea de la cual normalmente ni siquiera somos conscientes

5. Consciencia: nuestra consciencia

Estos cinco skandhas tienden a acumularse y nos abruman, resultando en confusión mental.

Los tres y los ocho tipos de sufrimiento que hemos mencionado proporcionan dos marcos diferentes con los cuales mirar nuestra experiencia. Pero en realidad hay incontables tipos de sufrimiento. Si podemos, en primer lugar, abrir los ojos a la presencia del sufrimiento dentro de nosotros mismos, entonces podemos, con el tiempo, aprender cómo eliminarlo completamente.

Esta es la naturaleza de las enseñanzas budistas. Nosotros compartimos nuestra comprensión con ustedes. Sugerimos modos para que mejoren sus vidas; si son sinceros y desean progresar, pueden aprender cómo hacerlo.

El Buda reconoció el sufrimiento en su propia existencia humana y resolvió ponerle fin. Una vez que se hubo iluminado, consiguió su objetivo y así fue capaz de pasar los siguientes 50 años enseñando a otros cómo terminar con el sufrimiento y obtener la dicha. Como consecuencia, muchos de los discípulos del Buda practicaron lo que les enseñó, y ellos mismos alcanzaron el Nirvana.

¿Qué es el Nirvana? Es el estado de libertad y dicha perfectas que sólo los sabios budistas pueden comprender y experimentar. Aunque puede que no comprendamos completamente lo que es el Nirvana, es suficiente decir que es la meta más alta, el logro más valioso al que uno pueda jamás aspirar. No deberíamos contentarnos con nada menor.

3. Los Tres Venenos

Antes de que podamos comprender la solución del budismo al problema del sufrimiento, debemos obtener primero una mejor comprensión del problema mismo.

Hay tres cosas que pueden envenenar nuestras mentes: codicia, ira y estupidez. Cuando nuestras acciones están motivadas por estos tres venenos o, aunque sólo plantemos esta clase de pensamientos en nuestras mentes, estamos ligados a recoger las retribuciones que causarán sufrimiento en el futuro. Y, sin embargo, mucha gente parece no advertir los peligros de caer en estos tres venenos.

La mente codiciosa nunca está satisfecha. No importa cuánto tenga, no parece tener nunca suficiente. El alcohólico quiere simplemente un trago más de la botella. El rico magnate quiere otro millón de dólares. Ambos están decididos a acciones extremas para conseguir lo que quieren. Los seres humanos pueden estar dispuestos a cometer mucho mal para satisfacer su codicia excesiva.

Si no podemos obtener lo que queremos, normalmente surge la ira. Dirigimos nuestra insatisfacción contra aquéllos que nos obstruyen. Los culpamos y nos sentimos con razón para castigarlos por obstaculizarnos. Debido a nuestra ira, podemos sentirnos justificados para dañar a otros.

La estupidez surge de la confusión, o falta de pensamiento claro. Simplemente no comprendemos. Como resultado, hacemos cosas estúpidas que después lamentamos. En particular, muchos de nosotros fallamos al considerar la ley de causa y efecto, que afirma que todas nuestras acciones acarrean consecuencias, así como el eco sigue al sonido, o la sombra sigue a la forma.

Para contrarrestar los Tres Venenos de la mente, el Buda enseñó preceptos, samadhi y sabiduría. Cultivar los preceptos erradica la codicia. Practicar Samadhi, o concentración, contrarresta la ira. Desplegar sabiduría disipa la estupidez.

Los preceptos son las reglas budistas de moralidad. Los cinco preceptos forman la base de todos los otros preceptos budistas. Son estos:

1. No matar: no debemos quitar la vida a otros, no importa cuán justificados nos sintamos.

2. No robar: robar es tomar la propiedad de otro –posesiones materiales, identidad, esposa, ideas de otros, etc.– sin permiso. Tal comportamiento es destructivo. Enseñemos a nuestros hijos a no robar, de modo que las futuras generaciones puedan tener mejores oportunidades de vivir en seguridad y armonía.

A la hora de escribir esto, Japón acaba de sufrir un tsunami y el subsiguiente desastre nuclear en Fukushima. Mucha gente tuvo que dejar sus hogares y la mayor parte de sus pertenencias. Sorprendentemente, se informó en las noticias que los japoneses devolvieron a sus legítimos dueños más de 70 millones de dólares en efectivo que se encontraron en los restos. La profunda tradición budista de Japón puede haber tenido mucho que ver con este tipo de decencia tan remarcable.

3. No cometer conducta sexual inapropiada: la conducta sexual inapropiada se refiere a sexo fuera del matrimonio. Romper el voto de fidelidad del matrimonio destruye invariablemente los lazos de confianza y, en algunos casos, el matrimonio. Más aún, a los budistas que observan los cinco preceptos se les enseña a no tener relaciones sexuales prematrimoniales.

4. No mentir: esto abarca desde pequeñas a grandes mentiras. Como dicen los chinos, una mentira se produce cuando la mente dice "Sí" pero la boca dice "No" –en otras palabras, cuando usted sabe que su propia afirmación no es verdadera.

Los mentirosos habituales no se dan cuenta de que ante todo se engañan a sí mismos, intentando minimizar su propio conflicto interno. Muchos están tan absortos convenciéndose a sí mismos de que sus propias mentiras son verdad, que no son capaces de reconocer las señales de que los otros no creen sus mentiras en absoluto.

¿Y qué ocurre con los mentirosos "con éxito", que salen adelante con sus mentiras? Ellos tienden a ser muy solitarios porque sus vidas carecen de integridad y nadie en verdad confía en ellos. Como dijo Abraham Lincoln "Puedes engañar a todo el mundo durante algún tiempo, y a alguna gente todo el tiempo, pero no puedes engañar a todo el mundo, todo el tiempo."

5. No tomar intoxicantes: los intoxicantes incluyen alcohol, cigarrillos y drogas. Los intoxicantes nublan nuestras mentes y nos hacen proclives a romper los previos cuatro

preceptos. Por ello el quinto precepto se denomina como precepto preventivo.

Uno de nuestros discípulos disfruta de una copa después del trabajo, para relajarse. Hace que se sienta bien. Mucha gente estaría de acuerdo. ¡Una copa no hace daño! Algunos estudios incluso dicen que beber un vaso al día es bueno para el corazón. Sin embargo, el alcohol también es un depresivo, y a largo plazo, beber no es beneficioso para el cultivo de la meditación y otras prácticas espirituales. En particular el alcohol puede nublar su mente y su juicio, mientras que el desarrollo de la sabiduría nos exige ver claramente.

Si quiere relajarse, puede aprender a meditar. (Puede obtener una copia de "El Manual de Chan: La Guía de Meditación para Aprendices" –The Chan Handbook: The Learner's Guide to Meditation– , y aprender la práctica de la meditación.) Hay estudios que han mostrado que la meditación puede reducir el estrés, mejorar su salud, reducir su presión arterial y ayudar a controlar su impulso a excederse con la comida y la bebida.

Los cuatro primeros preceptos se denominan "preceptos de la naturaleza". Violarlos atentaría contra nuestra Naturaleza Verdadera. En otras palabras, si no estuviéramos confundidos, ni siquiera tendríamos tales pensamientos, cuánto menos actuaríamos basándonos en ellos. No debería sorprender que todas las religiones principales del mundo compartan las mismas características de los primeros cuatro preceptos.

Observar los preceptos puede dar lugar a samadhi. Samadhi es la palabra sánscrita para concentración apropiada –la capacidad de enfocarse en un solo asunto y no distraerse por nada más. Esto es

EL MANUAL DE LA TIERRA PURA

lo que permite al atleta campeón concentrarse en su labor entre manos, en lugar de distraerse por los ruidos de la multitud o del viento.

El budismo tiene muchas técnicas avanzadas para desarrollar el poder de samadhi. Si quiere conseguir sus ambiciones en la vida, debe aprender a enfocar su mente. Seguir los preceptos, así como la meditación, están entre las muchas herramientas que pueden ayudarle a desarrollar la concentración necesaria para conseguir sus ambiciones.

Cuando usted tenga samadhi, no se verá afectado por las distracciones externas. Tenderá a estar más equilibrado. Su mente será más estable y menos inclinada a grandes fluctuaciones. Esto es paz interior. Esto es la ausencia de ira. Este es un estado que la mayoría de la gente no puede experimentar, a menos que realice algún tipo de búsqueda espiritual.

El samadhi puede desplegar la sabiduría. Sin el poder de samadhi adecuado, la sabiduría no puede revelarse. Los budistas creemos que todos nosotros tenemos sabiduría inherente. El cultivo es el proceso de desplegar la sabiduría que ya poseemos. Y sí, incluso la más ignorante e ilusa de las personas puede convertirse en sabia, porque todos tenemos la misma sabiduría inherente: la de los Budas.

Sabiduría se refiere aquí a Sabiduría Prajna, o sabiduría transcendental, no simplemente "conocimiento". El objetivo del budismo es permitir a las personas ver y experimentar la Verdad. ¿Cómo puede usted reconocer a la gente que aún no ha experimentado la Verdad? Están llenos de sí mismos. A menudo proclaman que entienden todo, son críticos con los demás y codiciosos de reconocimiento y ganancias.

¿Cómo podemos reconocer a alguien que tiene sabiduría?

La gente sabia puede ver sus propias faltas. Por ello son más humildes y no se resienten tanto con los demás. No les culpan. No miran las faltas de los demás. Con el tiempo, desarrollan una comprensión más profunda de la causa y el efecto. Así es como pueden terminar todo su sufrimiento y conseguir dicha.

Al contrario, la mayoría de nosotros estamos confundidos y engañados, y por ello tendemos a culpar a otros e ignorar nuestras propias faltas.

Finalmente ¿por qué queremos erradicar los tres venenos? Porque según los sabios:

- La codicia planta las semillas para convertirnos en fantasmas hambrientos. Estos seres comparten el mismo mundo que nosotros, sólo que no podemos verlos, así como hay ciertas longitudes de onda de luz que no podemos ver. Los fantasmas hambrientos experimentan hambre y sed severas como parte de su existencia.

- La ira nos hace caer en los infiernos. Según el budismo los infiernos sí existen; es el último sitio donde usted querría renacer en el futuro.

- La estupidez nos destina a convertirnos en animales.

El budismo enseña que hay muchas otras esferas, aparte de la familiar esfera humana. Cuando nuestro cuerpo físico muere, nuestra alma, conocida en el budismo como octava conciencia, renace en un cuerpo nuevo, y no necesariamente en la esfera humana. El budismo enseña que los tres venenos crean la causa para que caigamos en las esferas inferiores de los animales, fantasmas o en los infiernos. Estas tres esferas son denominadas como los tres "senderos malignos" porque son los destinos primarios de aquéllos que cometen malas acciones. Las esferas inferiores son lugares terribles para estar allí, porque son muy difíciles de dejar, y todo aquél que renace allí experimenta sufrimientos inefables durante muchas, muchas vidas.

Algunos lectores pueden ser escépticos ante estas enseñanzas. Para aquéllos que deseen continuar leyendo, les sugerimos que lo hagan con una mente abierta. Con el tiempo puede que lleguen a sintonizar con estas enseñanzas y vean sus beneficios. Si no, usted siempre puede escoger dejar a un lado las afirmaciones metafísicas budistas y enfocarse solamente en las técnicas prácticas, tales como la meditación, que pueden proporcionar muchos beneficios positivos para la salud, así como una sensación de paz y bienestar.

4. Causa y Efecto

Para resolver el problema del sufrimiento, primero debemos entender el principio de causa y efecto. A través del universo, nada sucede al azar. Todo sigue una ley común. Esa ley es causa y efecto, a menudo referida equivocadamente como karma. Sin embargo, técnicamente, el término karma sólo significa acción, sea física o mental; en su raíz karma se refiere a las intenciones mentales o voliciones que forman la base de nuestras acciones.

El budismo enseña que toda acción causa un efecto particular conocido como retribución kármica, que surgirá en el futuro. Y a la inversa, todo lo que experimentamos actualmente está causado por acciones anteriores, o el karma que creamos en el pasado. Esta correlación entre causa y efecto es una ley universal, y no es aleatoria.

La ley de causa y efecto no requiere ni dador ni creador, sino que rige silenciosa e imparcialmente. Si queremos resolver el problema del sufrimiento y obtener la iluminación, entonces debemos entender causa y efecto.

Uno de mis estudiantes dice que desearía que el budismo fuese más científico, porque necesita más hechos para hacer su fe más profunda. Le sugerí que echase un vistazo a la Tercera Ley de Newton sobre el movimiento, que afirma: "Para cada acción siempre hay una reacción igual y opuesta." Esta es una elegante formulación de la causa y el efecto. ¿Podría haber algo más científico que eso?

En el contexto del karma, podemos formular el concepto de igual y opuesto como sigue: haz el bien y recibirás bendiciones. Haz el mal e indudablemente sufrirás malas consecuencias. En otras palabras "Todo lo que va, vuelve".

Las bendiciones son como la moneda de nuestra cuenta bancaria kármica. Cuando tenemos suficiente dinero en nuestra cuenta bancaria, podemos comprar las cosas que queremos. Del mismo modo, si tenemos una gran cantidad de bendiciones en nuestra cuenta kármica, las cosas buenas nos ocurrirán de modo natural. Por otro lado, si hemos dañado a mucha gente en el pasado, entonces nuestra cuenta estará en números rojos, y con el tiempo nos sucederán cosas malas, hasta que consigamos saldar nuestras deudas. De hecho, todos tenemos una combinación de buen y mal karma.

Las fuerzas de causa y efecto no sólo conforman los eventos de nuestra vida presente, sino que también dictan cómo nos irá después de la muerte, y cómo es que llegamos a nacer tal y como somos ahora.

El capítulo siguiente tratará más de cerca la reencarnación. Por ahora, sepa simplemente que nos hicimos humanos porque, en vidas pasadas, plantamos las semillas para ello. Esas semillas se conocen en el budismo como los Cinco Preceptos que explicamos en el capítulo 3.

Similarmente, podemos plantar semillas para convertirnos en dioses o seres celestiales en futuras vidas, practicando las Diez Buenas Acciones, las primeras cuatro de las cuales se cometen con la boca, las siguientes tres con la mente, y las tres últimas con el cuerpo:

1. No hablar con violencia

2. No mentir

3. No hablar con segundas intenciones

4. No hablar con frivolidad (como el chismorreo)

5. No tener codicia

6. No tener odio

7. No tener estupidez

8. No matar

9. No robar

10. No practicar una conducta sexual inapropiada

Cuando entendamos las conexiones entre causa y efecto, sabremos los mejores modos de actuar. Por ejemplo, aquéllos que no son codiciosos o tacaños no se verán agobiados por problemas materiales y monetarios; estarán más contentos y en paz. Aquéllos que no se enojan tenderán a tener una vida familiar más armoniosa. Aquéllos que no ceden a los deseos generalmente tendrán mentes claras y cuerpos saludables.

Sin embargo, mucha gente no consigue ver claramente y no entiende la conexión entre causa y efecto. Como consecuencia, las apariencias fácilmente los confunden, están a menudo absortos en sí mismos y les gusta complacer todos sus deseos. En el proceso, se comportan inapropiadamente, y crean ofensas contra la gente a su alrededor. Esa es la razón por la que la mayoría de ellos están infelices y afligidos.

En el budismo nos referimos a la gente a la que le gusta luchar como asuras[2]. Los que tienen la naturaleza de asura tienden a estar muy afligidos, y a menudo están buscando entrar en peleas. Por el contrario, el Buda no era enojadizo ni litigante porque confiaba en su propio entendimiento. Cuando uno está verdaderamente en lo cierto no tiene necesidad de defenderse o justificarse a sí mismo ante otros.

Habiendo alcanzado la iluminación perfecta, no hay nada que el Buda no conozca. Es capaz de comprender claramente la ley de causa y efecto que gobierna el universo. Causa se refiere a la acción raíz o evento que conduce a un cierto resultado. La causa representa la fuerza o energía que mueve el proceso. El efecto representa la materialización de esta fuerza motriz. Ambos, causa y efecto están interrelacionados inextricablemente. No hay efecto sin causa y viceversa, no hay causa sin efecto.

Deberíamos recordar unas pocas características con respecto a esta ley: "Tal es la causa, tal es el efecto". En otras palabras, el tipo general de efecto está predeterminado por cada causa, así como el fruto se corresponde con el tipo de semillas que uno planta. La causa es la semilla, y el efecto es el fruto. Así, si usted inflige dolor en otros, tendrá que sufrir dolor usted mismo en el futuro.

Inversamente, la causa representa una esencia del fruto, del mismo modo que el ADN da forma a cada criatura viva. De hecho, causa y efecto pueden enlazarse en una cadena continua en la que cada efecto se convierte en la causa del efecto siguiente, como en las reacciones químicas.

Las manifestaciones específicas de un efecto en particular, sin embargo, no están predeterminadas porque también dependen de las "condiciones auxiliares" que influyen en cómo y cuándo exactamente ocurrirá el efecto. Por ejemplo, durante el proceso de crecimiento de una planta, hay condiciones auxiliares que influencian el desarrollo del fruto; una vez que la semilla ha sido plantada, la cantidad apropiada de sol, agua y nutrientes, así como la temperatura correcta, son necesarias para que el árbol crezca y dé fruto. Así, el avance desde la causa hasta el efecto puede ser lento o rápido dependiendo de la situación.

Si entendemos y creemos en la ley de causa y efecto, entonces podemos eliminar la superstición y la confusión; entenderemos que todo ocurre por una razón, y que nuestro futuro está determinado por nuestras propias acciones, más que por los caprichos de otros, o por un ser superior.

Si tenemos fe en la ley del karma, entonces podemos reconocer que el sufrimiento que enfrentamos en nuestras vidas no es casual. Más que eso, es una consecuencia de las malas acciones que hicimos en el pasado, sea en esta vida o en una anterior. Esta comprensión nos permite ver que el sufrimiento por el que pasamos no es un sinsentido. Hay una razón detrás de él, y así podemos aprender de ello. Este abordaje nos ayuda a aceptar el sufrimiento por el que debemos pasar en esta vida.

Nada hace nuestro sufrimiento peor que si tratamos de rechazarlo y vivir en un estado de negación constante. La aceptación puede ser de gran ayuda. Si comprendemos causa y efecto, cuando las situaciones no se tornan como nosotros deseamos, podemos saber que las causas se encuentran en el pasado. Entonces podemos dejar de culpar a otros por nuestros problemas y dificultades, y no necesitamos desesperarnos.

La aceptación del sufrimiento, sin embargo, no es la meta de nuestra práctica, pues la finalidad del cultivo budista es quedar libre de todo sufrimiento. Pero de modo realista, hemos de experimentar una cierta cantidad de sufrimiento antes de que podamos conseguir nuestro objetivo.

Como mi maestro, el Gran Maestro Xuan Hua, decía a menudo

Soportar el sufrimiento es terminar con el sufrimiento.
Disfrutar de bendiciones es agotar nuestras bendiciones.

El sufrimiento que experimentamos es simplemente la retribución por la que debemos pasar para pagar nuestras deudas kármicas. Las buenas noticias son que cuanto más sufrimiento soportemos, más deudas kármicas pagaremos y antes terminarán nuestros problemas y dificultades.

Uno puede mirarlo de este modo: cada uno de nosotros tiene una cantidad de mal karma por el que tendremos que pasar con el tiempo, así que bien podríamos quitárnoslo de encima ahora. Esta comprensión puede hacer el sufrimiento mucho más fácil de llevar.

Además, para aquéllos que tengan verdaderamente fe, el budismo ofrece muchas herramientas que van más allá de la aceptación y pueden resolver de verdad nuestras deudas kármicas. Por ejemplo, podemos dedicar mérito y bendiciones para ayudar a quienes pudiésemos haber dañado en el pasado; podemos postrarnos ante los Budas en arrepentimiento; o simplemente podemos hacer el bien para otros y de ese modo plantar semillas para que nos ocurran cosas buenas en el futuro. Estos tipos de prácticas pueden aliviar nuestro sufrimiento.

Más aún, la comprensión de la ley de causa y efecto puede ayudarnos a tener fe en la humanidad, sabiendo que les ocurrirán cosas buenas a aquéllos que hagan el bien y que planten las semillas adecuadas para el progreso.

Hay un antiguo proverbio chino que dice: "Uno crea el mérito, miles se benefician de él". Por ejemplo, un árbol florece y los árboles de alrededor pueden disfrutar su fragancia. El simple acto de polinización de una abeja asegura el crecimiento y la fertilización que beneficia a la naturaleza más allá de una simple flor. Similarmente, cuando hacemos el bien, los que están a nuestro alrededor también se beneficiarán.

Si entendemos la ley de causa y efecto, tendremos más cuidado con nuestras acciones, sabiendo que tenemos que abstenernos de hacer el mal y practicar solamente el bien.

Finalmente, tenemos que aprovechar la ley de causa y efecto en nuestro camino a la iluminación. En particular, en nuestra práctica, tenemos que plantar los tipos correctos de causas que, con el tiempo, germinarán y producirán el despertar. Por ejemplo, ayudando a otros en el camino a la iluminación, plantamos causas para que otros nos ayuden a alcanzar el despertar en el futuro.

Además, el método de la Tierra Pura de recitar el nombre de Amitabha, que trataremos en la parte VI, es otro buen ejemplo de esta aplicación de causa y efecto. Cuanto más recitemos el nombre de Amitabha, y más Samadhi, o concentración, apliquemos en nuestra recitación, más causas plantaremos para nuestro renacimiento final en la Tierra Pura.

5. Reencarnación

Algunas personas creen que tras la muerte desaparecemos por completo: simplemente regresamos al polvo. Es una forma de nihilismo.

En contraste, otros creen que la existencia de nuestra alma es permanente: por ejemplo, pueden creer que tras la muerte pueden subir a los cielos y disfrutar para siempre de bendiciones celestiales, lo que es una forma de eternalismo. De forma general, el eternalismo es la creencia de que el yo, o alma, tiene una naturaleza fija y esencial que es eterna y no puede ser destruida.

En el budismo, adoptamos el Camino Medio, y creemos que nuestra alma ni desaparece enteramente, ni existe permanentemente sin cambiar, sino que cada alma va pasando por ciclos de reencarnación. Atravesamos incontables nacimientos y muertes como resultado de nuestro karma.

Reencarnación proviene del término sánscrito samsara. Samsara se traduce a menudo como "rueda de la reencarnación". Una rueda representa generalmente el movimiento circular, pero también el movimiento vertical. La imagen de una rueda simboliza cómo todos los seres vivos nacen en varios lugares del universo y pasan por diferentes planos de existencia sin parar, algunos altos, otros bajos, igual que en una rueda. También simboliza la fundamental e ininterrumpida cadena de causa y efecto, que dicta qué tipos de cuerpos obtendremos cada vez que pasemos por el nacimiento y la muerte.

Todo en el universo pasa por ciclos de cambio. La evolución de los seres vivos a través del ciclo de reencarnaciones es un proceso dinámico muy similar a los cambios que ocurren en el mundo natural a nuestro alrededor.

Considere los cuatro grandes elementos, tierra, agua, viento y fuego, que pasan por cambios naturales en sus estados de ser.

Tome el elemento tierra. Originalmente es simplemente barro. Entonces un alfarero lo moldea y lo convierte en una vasija. Con el tiempo, la vasija se destruye y así retorna a su estado original de barro.

El agua tiene sus propios ciclos, empezando con la evaporación de los océanos y los lagos. El vapor asciende a los cielos donde es enfriado y se condensa formando nubes. Las nubes se acumulan y, con el tiempo, el agua cae de nuevo a la tierra como lluvia, regresando a su estado líquido original. Y entonces el ciclo comienza de nuevo.

El elemento viento es simplemente movimiento de aire. El aire es calentado por el sol, se expande y asciende a los cielos, creando espacio vacío. La baja presión del espacio vacío hace que el aire de otras áreas se mueva hacia allí, causando así el viento. El movimiento de aire puede ser lento o rápido, creando un viento suave o un tornado violento.

El gran elemento fuego se origina del calor. Cuando las condiciones lo permiten, el calor crea fuego. El calor potencial existe ya en todas las cosas y espera a las condiciones adecuadas para manifestarse a sí mismo en forma de fuego. Por ejemplo, dos palos de madera ya contienen fuego en forma de energía almacenada en su estructura molecular. Cuando los frotamos entre sí, el calor se manifiesta y se origina el fuego. En otras palabras, el fuego también pasa por ciclos con varios estados de manifestación, que pueden ser visibles o invisibles a nuestros ojos.

Nuestros cuerpos son el resultado de una unión temporal de estos cuatro grandes elementos. Por ejemplo, el gran elemento tierra da a nuestro cuerpo solidez en forma de huesos, músculos, etc. El gran elemento agua constituye nuestra sangre, lágrimas, etc. Nuestra respiración y nuestros ritmos del corazón se basan en el gran elemento viento. Finalmente, el calor de nuestro cuerpo se deriva del gran elemento fuego. Al igual que sus cuatro elementos constituyentes, nuestro cuerpo también pasa por la reencarnación gobernado por las fuerzas del karma.

A una escala mayor, las galaxias, que en el budismo se conocen como mundos, también deben pasar por ciclos a través de una especie de reencarnación. Cada mundo debe pasar por los cuatro estados cíclicos de formación, estabilidad, decadencia y vacío. Más específicamente, cada mundo primero comienza a existir, después alcanza la madurez, se deteriora y finalmente desaparece. A través del universo, un mundo comienza a existir mientras que otro desaparece en una cadencia maravillosa que es dictada por las leyes de causa y efecto.

Los seres vivos comunes pasan por ciclos a través de los siguientes seis planos de existencia, movidos por el karma que han creado:

Las esferas de los infiernos: sí, los infiernos existen. Son los últimos lugares en los que usted querría estar.

Los infiernos están caracterizados por un sufrimiento extremo. Allí los prisioneros se ven sometidos a una tortura constante a lo largo de periodos de tiempo muy largos. Al final de esos periodos, tienden a renacer en los infiernos para continuar estando sometidos a su retribución.

¿Cómo cae uno en los infiernos? Si en esta vida plantamos las causas para ir a los infiernos, entonces, tras nuestra muerte, lo más probable es que renazcamos allí. En particular, sucumbir a la ira crea las semillas para caer en los infiernos. Trataremos más de ello en una sección posterior.

La esfera de los fantasmas hambrientos: el budismo enseña que hay fantasmas y espíritus, del mismo modo que hay humanos. Los fantasmas son seres predominantemente yin; yin es la fuerza oscura que se opone al yang en la filosofía y medicina tradicionales chinas. Estos seres pasan gran sufrimiento porque están constantemente sedientos y hambrientos. Usted no tiene idea de cómo es eso hasta que no le faltan el agua para beber y la comida para comer. Uno se siente tan mal que desea morir ¡pero no puede!

Los fantasmas existen en medio de nuestro mundo humano. Sin embargo, no podemos verlos normalmente porque están fuera del rango de nuestras percepciones cotidianas, del mismo modo que la luz infrarroja o las ondas de radio, que existen en longitudes de onda que no podemos percibir.

¿Cómo nos convertimos en fantasmas hambrientos? Si albergamos una mente codiciosa plantaremos las causas para recibir un cuerpo de fantasma hambriento en el futuro.

La esfera de los animales: Las esferas de los animales, fantasmas e infiernos son referidas a menudo juntas como "los tres senderos malignos", porque hay una gran cantidad de sufrimiento allí, los periodos de tiempo son muy largos y es muy difícil escapar de estas esferas.

¿Cómo obtenemos un cuerpo de animal? Plantando causas de estupidez. Simplemente deléitese en placeres sensuales excesivos, viva sin sentido, ríndase a su ego y usted, definitivamente, caerá en esta esfera.

La esfera de los asuras: los asuras están presentes tanto en su propia esfera, que es un plano de existencia separado del nuestro, como también en todas las otras esferas. A los asuras les gusta pelear, discutir y crear conflicto en su propio beneficio. Por ejemplo, muchos asuras en nuestra esfera humana se hacen soldados, boxeadores o alguien cualquiera con naturaleza combativa. Incluso muchos profesionales bien establecidos son asuras. Usted puede reconocer su naturaleza de asura inmediatamente porque a menudo contradicen a los que tienen alrededor, e insisten en ofrecer su opinión, aunque nadie se la solicite.

El Buda predijo que, después de su muerte, el mundo decaería gradualmente. Nosotros vemos un patrón de conflicto en nuestro mundo de hoy, y desarmonía entre culturas, religiones, grupos políticos e incluso entre la juventud. Poca gente dedica sus vidas a practicar la virtud, y muchos prefieren, en su lugar, luchar. Los asuras son frecuentes en el mundo de hoy.

La esfera humana: los humanos son una mezcla de yin y yang, una combinación de bien y mal. La esfera humana, así como las subsiguientes esferas celestiales, son mucho más favorables para el cultivo que los otros cuatro tipos de renacimientos.

Para obtener un cuerpo humano deberíamos cultivar los cinco preceptos.

Las esferas celestiales: usted planta las causas para el nacimiento en los cielos cultivando las Diez Buenas Acciones y observando los Cinco Preceptos.

En los cielos todo es según su deseo. Usted renace en los cielos porque ha ganado suficientes bendiciones, lo que le permite sentarse a descansar y disfrutarlas. Los cielos están llenos de dicha. El único inconveniente es que no es una solución permanente. Con el tiempo, los que están en los cielos agotarán todas sus bendiciones y caerán de nuevo a las esferas inferiores, y los ciclos de renacimiento continuarán.

Estas son las seis esferas comunes. Para salir del ciclo de reencarnaciones, uno debe cultivar diligentemente para conseguir llegar a las cuatro esferas sabias de Arhats, Pratyekabuddhas, Bodhisattvas y Budas. Estos diferentes niveles de sabiduría se tratarán en los capítulos 8 y 9.

Pero antes, echemos un vistazo a algunas de las evidencias que apoyan la reencarnación.

Hubo un notable doctor que se convirtió en un creyente en la reencarnación después de que una de sus pacientes recordase traumas de vidas pasadas que la ayudaron a aliviar las ansiedades y fobias que estaba experimentando en su vida. Su creencia se reforzó después de ver que muchos más pacientes regresaban a sus vidas pasadas.

Este doctor, que se había graduado en la Universidad de Columbia y en la Escuela Médica de Yale, usaba tanto terapia tradicional como hipnosis para ayudar a sus pacientes a recuperarse de sus síntomas. Durante estados hipnóticos, la paciente experimentó una serie de vidas pasadas y fue capaz de hablar a seres superiores en un estado "entre vidas".

Además, durante un estado hipnótico, la paciente conectó con el padre e hijo fallecidos del doctor, y le contó al doctor que su hijo había muerto debido a una rara afección cardíaca. Esta fue la información, que ella no podía haber conocido, que convenció al doctor de que su paciente había conectado con otra esfera.

He aquí algunas otras historias de reencarnaciones.

En la primera mitad del siglo XX en Delhi, en La India, vivía una niña de 8 años llamada Phatedevin. Ella gritaba a menudo y rogaba a sus padres que la dejasen ir a Mita, otra ciudad que estaba a 120 millas de distancia, para poder ver a su marido. Perplejos, sus padres pidieron a un periodista que investigase el asunto.

Phatedevin dijo al periodista que, en su vida anterior, ella había estado casada con un maestro y le había dado un hijo. Cuando su hijo tenía 11 años, ella enfermó y falleció. Cuando el periodista le insistió para que aportase pruebas, ella dijo que había enterrado oro, plata y joyas en lugares específicos. También le contó acerca del regalo de un abanico, con unas escrituras específicas, que le había hecho un amigo.

El periodista fue a Mita y encontró al maestro y confirmó que su esposa había fallecido nueve años antes. También verificó todo lo que la niña había afirmado, incluyendo la existencia del abanico con las escrituras.

El periodista regresó a Delhi y llevó a la niña y a sus padres de vuelta a Mita. Aunque ella nunca antes había salido de Delhi, fue capaz de orientarse por las calles de Mita y les condujo a la casa del maestro.

Cuando entraron en la casa, encontraron a un anciano de 80 años con pelo blanco. La niña se puso muy contenta y dijo que él había sido su suegro. También fue capaz de reconocer a sus anteriores esposo e hijo.

De esto se informó en los principales periódicos de La India y en muchos más periódicos del mundo.

Hay otra historia destacada acerca de una mujer inglesa llamada Jenny Cockell, que de niña recordó una vida anterior en Irlanda como una mujer llamada Mary Sutton. Sutton murió en un parto, dejando ocho niños huérfanos.

De joven, Jenny hablaba de su vida en Irlanda e incluso dibujó un mapa del pequeño pueblo donde había nacido; también podía describir la habitación donde había muerto en 1936. De niña estuvo obsesionada con asegurarse de que sus hijos de su vida anterior estuviesen bien.

Tras su muerte como Mary Sutton, sus hijos habían sido enviados a orfanatos. De adulta, en su vida actual, Cockell fue capaz de conseguir los nombres de seis de aquellos hijos con la ayuda de un sacerdote de un orfanato en Irlanda.

En 1993, Cockell fue capaz de averiguar el paradero de sus cinco hijos supervivientes y reunirse con ellos durante el rodaje de un documental irlandés sobre su viaje. Cockell escribió un libro sobre su historia con el título "A Través del Tiempo y la Muerte". La historia fue dramatizada en una película que la CBS hizo para televisión en el año 2000.

El último incidente al que nos referiremos, es un suceso bastante atípico de reencarnación, en el que la consciencia de una persona renació, no en el cuerpo de un recién nacido, sino en el de otro adulto. Ocurrió en Ca Mau, en el siglo pasado, en Vietnam, donde una chica cayó enferma y murió a la edad de 19 años en la pequeña aldea de Dam Gioi. En otra aldea de Vinh My (Bac Lieu) había otra chica que se encontraba enferma, pero se recuperó. Después de recuperarse dejó de reconocer a sus padres y se comportaba de modo extraño. Sus padres pensaron inicialmente que probablemente se debía a efectos secundarios de su enfermedad. Cuando se recuperó completamente, empezó a gritar e insistió en obtener permiso para regresar a la aldea de Dam Gioi, que podía describir con minuciosos detalles.

Sus padres contactaron con gente de la aldea de Dam Gioi y llegaron a encontrar a la familia de la chica que había fallecido allí; invitaron a la familia a que les visitaran. Tan pronto como llegaron a Vinh My, la hija reconoció a los visitantes como sus propios padres y compartió secretos familiares que nadie más podría haber conocido. Con el tiempo, fue reconocida por ambas familias y heredó sus fortunas.

Esta noticia circuló ampliamente por los periódicos vietnamitas.

Algunos pueden ser escépticos sobre la idea de la reencarnación. Pero trate de mantener una mente abierta a la posibilidad de que nuestra consciencia haya estado migrando de cuerpo a cuerpo durante un largo periodo de tiempo, impulsada por fuerzas causales que creamos en el pasado.

Si tenemos fe en que la reencarnación es real, entonces seríamos sabios en abstenernos de crear ofensas para evitar caer en las esferas inferiores, porque una vez que hemos caído, hay una gran cantidad de sufrimiento allí y es extremadamente difícil salir de allí por nosotros mismos.

Más aún, deberíamos esforzarnos en hacer buenas acciones para plantar las causas para una ascensión, de modo que podamos un día escapar del ciclo de sufrimiento y alcanzar la dicha –un propósito fundamental para el cultivador budista.

6. Disminuir el Deseo, Conocer el Contentamiento

¿Cómo se reconoce a un auténtico budista? Él o ella tiene pocos deseos y se encuentra satisfecho fácilmente.

En el budismo, buscar beneficios y ventajas para esta vida se considera un objetivo "mundano". Los que son mundanos tienden a ser competitivos, persiguen objetos materiales y parecen no estar nunca satisfechos. Mientras que podría ser comprensible para "los que no tienen" ser codicioso, paradójicamente "los que tienen" parecen ser incluso más codiciosos.

Los chinos usan la expresión "Codicioso como si uno nunca tuviera suficiente". Los vietnamitas dirían "La codicia no tiene fondo". También podrían decir: "Un gran océano puede llenarse, pero no una mente codiciosa."

Éste es el porqué el Buda enseñó a sus discípulos a "moderar [sus] deseos, y conocer el contentamiento". Esta es la base de la felicidad, de la paz y de la dicha.

El espíritu de la práctica budista es la moderación. Disminuir los deseos es evitar caprichos excesivos. Los que cultivan tienden a ser más moderados.

Conocer el contentamiento es vivir de acuerdo con nuestras circunstancias y aceptarlas mejor, incluso aunque haya carencia. Por ejemplo, si podemos estar satisfechos con las cosas materiales que tenemos, estaremos consecuentemente libres del tormento resultante de las querencias y deseos insatisfechos.

A menos que estemos iluminados, todos nosotros estamos apegados a los siguientes "Cinco Deseos" que tienen su raíz en nuestros cinco sentidos:

1. Forma: el deseo surge cuando nuestros ojos encuentran una forma que puede ser vista, variando desde objetos materiales hasta personas atrayentes. El budismo enseña que nuestro deseo por formas bonitas está basado en nuestro deseo biológico por el sexo opuesto.

2. Sonido: disfrutamos de los sonidos agradables. Algunos de nosotros tenemos dificultades tratando de sacarnos de nuestra mente una melodía favorita, que puede interponerse en nuestros pensamientos. Algunas personas son adictas a las palabras de elogio.

3. Olor: las esencias pueden desencadenar fuertes asociaciones de nostalgia y deseo, como es evidente por la proliferación de fragancias en el mercado.

4. Gusto: la mayoría de nosotros incluye buena comida en la definición de una buena vida, la gente a menudo se excede con la comida. Esta es una de las adicciones más difíciles de superar. Como dijo el Buda: "Los seres vivos no pueden dejar la tierra, ni vivir lejos de hierba y árboles, porque la comida es producida por la tierra, y por ello nuestros cuerpos son pesados."

5. Tacto: los seres humanos anhelan el tacto de otras personas, que puede convertirse también en una distracción sensual. También disfrutamos de tocar objetos de texturas varias simplemente porque resulta agradable.

Los cinco sentidos pueden generar deseos de exceso que nos distraen de nuestro camino. En tanto tales deseos gobiernen sobre nosotros, nuestras vidas giran en torno a intentar satisfacerlos. Se corre el peligro de permitirnos a nosotros mismos dar rienda suelta. Si nos reducimos a ser esclavos de nuestro deseo, no nos detendremos ante nada para satisfacerlo. Como expresaba Gordon Gecko en la película "Wall Street" "¡La codicia, a falta de una palabra mejor, es buena!".

Deberíamos darnos cuenta de que los cinco deseos no son nuestros amigos. Pueden causar más mal que bien, y pueden llevar a la preocupación, al miedo, a la tristeza o a la ira. Los esfuerzos por satisfacer nuestros deseos, sea como individuos o como sociedad, pueden conducir a la lucha, al engaño y a la guerra.

¿Cómo podemos sentirnos bien con nosotros mismos si nuestra "felicidad" está derivada del sufrimiento de otros?

Más aún, una vez que un deseo es satisfecho, ¿Con qué frecuencia sabemos dejar de desear más? Las más de las veces, nuestros deseos continúan creciendo. ¿Cuándo despertaremos al hecho de que cuanto más codiciosos somos, más sufrimos?

Esta es la razón por la que el verdadero budista presta atención al consejo de Buda. Él instruyó a sus seguidores a moderar su deseo de modo que pudiesen estar en paz y experimentar la dicha bajo cualquier circunstancia.

Aunque seamos ricos materialmente, los que no conocen el contentamiento pueden sentirse muy pobres. Al contrario, los que conocen el contentamiento se sienten satisfechos y dichosos, aunque tengan que dormir en el suelo o pasar dificultades.

La riqueza es un estado mental. Si podemos mantener nuestra mente codiciosa bajo control, eso es ser rico. Si no podemos controlar nuestros deseos y urgencias, entonces somos verdaderamente muy pobres.

Disminuir el deseo y conocer el contentamiento es el comienzo de la libertad, y nos sitúa en el camino hacia la liberación. Si todo el mundo siguiera este principio, esto traería paz y dicha al mundo, pues ya no necesitaríamos involucrarnos en luchas y conflictos.

Una buena vida debe estar equilibrada. Hoy en día existe un desequilibrio entre la vida material y la vida espiritual. Cuando se sacrifica la moralidad en favor del progreso material, la humanidad se acerca al borde de la destrucción. Las personas que están preocupadas principalmente con perseguir cosas materiales no conocen la verdadera felicidad.

Disminuir los deseos y conocer el contentamiento es practicar la moderación en nuestra vida diaria. Ese es el camino budista. Pero incluso una vez que alcancemos el contentamiento, ése es sólo el comienzo; hay mucho más que podemos conseguir en el camino a la iluminación.

7. Iluminación: La Puerta del Dharma del Vacío

Como hemos visto, una Puerta del Dharma es un método. Prácticas tales como la meditación, recitar el nombre de Buda, seguir los preceptos, etc. son todo ejemplos de Puertas del Dharma. Uno también puede ver una Puerta del Dharma como un umbral que debemos pasar para llegar a nuestro destino.

El budismo es una colección de Puertas del Dharma hacia el Vacío. Contiene una serie de metodologías para ayudar a los seres vivos a percibir la Verdad.

Cuando vemos la verdad del Vacío, entonces alcanzamos la liberación.

¿Qué es la liberación? Claramente, nos gustaría estar liberados de sufrimiento y tormentos. Sin embargo, la verdadera liberación requiere liberarnos también de la felicidad. Como esta idea puede parecer ir contra la intuición, explorémosla con más detalle.

Vivimos en un mundo de dualidad. Todo se define como parejas de opuestos. Por ejemplo, rico se define como no pobre, fortaleza es la ausencia de debilidad, la bondad carece de maldad, y así sucesivamente. Raramente podemos encontrar algo que sea absoluto. Todo se define en relación con su opuesto. La gente confusa a menudo escoge enfocarse en uno de los lados, en vez de adoptar una visión más amplia.

Tomemos el amor, por ejemplo. El amor es el opuesto del odio y es sólo un estado temporal. De hecho, dentro del amor hay ya una semilla para el odio. Podemos estar profundamente enamorados uno del otro. Pero al mismo tiempo, puede que alberguemos el potencial para un gran odio, si fuésemos traicionados. El odio está siempre presente en un gran amor. No es algo que aparezca de ninguna parte. Permanece oculto bajo el gran amor, hasta que las condiciones aseguran su aparición.

Similarmente, la felicidad también contiene las semillas de la infelicidad. Por ello, la gente sabia no está apegada ni al sufrimiento, ni a la felicidad. Eso es liberación. Para aclarar: el budismo no promueve que nos convirtamos en robots sin amor, sentimientos o emociones. Abogamos por aprender a vivir con los mínimos apegos. Si suceden cosas buenas, las apreciamos, pero no pedimos más. Si ocurren cosas malas, no nos importa y no insistimos en rechazarlas. Eso es libertad de la dualidad.

Esto no es un ejercicio intelectual. Es, más bien, un estado mental espontáneo que debe ser aprendido, hasta que se convierte en una segunda naturaleza. No hay ningún procesamiento mental envuelto en ello. Por ejemplo, cuando la mente de uno es ecuánime y uno ya no se excita con las cosas, es similar a cuando alguien que era adicto a la nicotina deja de agitarse por los cigarrillos una vez que ha conseguido quitarse el hábito.

Al contrario que nosotros, los Budas están libres de dualidad. Es por ello que conocen la Verdad. Es lo que se llama normalmente Naturaleza de Buda. Los Budas desean que todos nosotros compartamos su conocimiento y forma de ver las cosas. Sin embargo, esto sólo es posible si podemos ver nuestra propia Naturaleza de Buda y, así, iluminarnos.

La Naturaleza de Buda es inherente a cada persona, y nosotros, con el tiempo, nos convertiremos en Budas. Pero por ahora, aún estamos confundidos acerca de la verdad, y debemos pasar por el proceso de revelarla. Una vez que superemos nuestra confusión, veremos que, de forma inherente, todos estamos dotados con la naturaleza iluminada. Simplemente ocurre que no sabemos cómo acceder a ella o usarla mientras aún estamos engañados.

La iluminación es la percepción de que nosotros fundamentalmente somos Vacío.

Esto no es algo que pueda ser comprendido mediante el pensamiento o el raciocinio; es una percepción que debemos experimentar con nuestro cuerpo y nuestra mente. Este estado se llama Vacío Verdadero; no hay absolutamente nada ahí. También se llama Existencia Maravillosa: todo está contenido en él.

¿Suena confuso? Eso es porque es algo que no puede describirse con palabras; es algo que usted debe percibir por sí mismo.

Puede ser que sea por eso por lo que aquéllos que están iluminados nunca dicen que están iluminados. Si alguien afirma que está iluminado, entonces es que no ha percibido el Vacío Verdadero. Si no hay absolutamente nada ahí, ¿cómo puede afirmar alguien que hay algo llamado iluminación? Si esa persona aún piensa que hay algo llamado iluminación, que puede ser descrito, entonces no ha experimentado el vacío verdadero ¿no cree?

¿Qué significa esto para el resto de nosotros, mortales completamente no iluminados?

Nosotros también podemos percibir el Vacío Verdadero. Pero para experimentar ese estado, debemos cultivar.

Aunque no es fácil, muchos cultivadores lo han conseguido. De hecho, hay incontables Bodhisattvas que están iluminados. Sólo tenemos que encontrarlos, y aprender de ellos. Están ansiosos de enseñar a aquéllos que están preparados y son sinceros.

¿Cómo podemos reconocerlos? A menudo son llamados Buenos Consejeros Conocedores. Son maestros sabios que saben cómo guiarnos hacia la liberación.

Pero ellos no van a llamar a su puerta suplicando ayudarle. Primero, usted tiene que hacer algo que demuestre que es digno de ser ayudado. Recuerde, la gente confusa piensa muy bien de sí misma.

¿Cómo puede reconocer un Buen Consejero Conocedor? Nuestro Manual de Chan trata este tema con más detenimiento, pero la respuesta breve es: no tiene que preocuparse por ello. Si usted simplemente trabaja en hacerse digno de ser enseñado, los maestros sabios reconocerán su potencial y le enseñarán de acuerdo con él.

Los maestros ponen su corazón en el interés que usted muestra. No lo hacen para sí mismos. Ellos quieren enseñarle de verdad, de modo que usted pueda convertirse en Buda por sí mismo algún día. Los buenos maestros exigen atención. Quieren resultados. Le ayudan enseñándole a superar los impedimentos y obstáculos a su progreso. En otras palabras, todo lo que ellos le pidan es sólo para el beneficio de usted, no para hacerse ellos mismos ricos o famosos.

Los que están en el camino correcto son más felices, más dichosos y encuentran mayor sentido a la vida. Crecen en humildad, amabilidad, compasión y generosidad y se vuelven menos absortos en sí mismos. Se preocupan verdaderamente por los demás. Están en el camino de experimentar el Vacío Verdadero.

Una vez que se experimenta el Vacío Verdadero ¿qué ocurre entonces? Cuando podamos ver que todo es vacío ya no estaremos apegados. Dejando a un lado nuestros apegos, podemos aligerar nuestra carga. Entonces seremos verdaderamente capaces de dejar ir y encontrar la verdadera libertad.

Los que se iluminan ya no están apegados al dinero, fama, comida o incluso a su propio cuerpo. Ven todos los fenómenos condicionados como un sueño –no permanente y vacío; pues en realidad no existen. Por ejemplo, cuando alguien está iluminado será capaz de ver como vacío el dolor de piernas que se produce cuando se medita en la posición de loto; tan pronto como reconoce que el dolor no es real, y ni siquiera sus piernas son reales, es capaz de parar el dolor, si él escoge hacerlo.

Los que ven el vacío no se afligen por la ganancia o la pérdida, salud o enfermedad, vida o muerte. Han alcanzado una felicidad inquebrantable que no depende de las condiciones externas. Ya no estarán encadenados al ciclo de reencarnaciones, aunque en realidad pueden tener cierto control sobre sus propios nacimiento y muerte. Así pues, son verdaderamente libres y están en paz.

El término técnico budista para iluminación es Nirvana. Los que alcanzan el Nirvana verán que el Vacío Verdadero es Existencia Maravillosa, y experimentarán un estado de dicha increíble y libertad total que supera con mucho cualquier felicidad que podamos obtener a través de nuestros órganos sensoriales.

Todos tenemos la misma Naturaleza de Buda, y por ello, todos tenemos la capacidad de alcanzar el Nirvana. Sin embargo, conseguir la iluminación es un logro tremendo y es muy difícil de hacer. Más aún, hay muchos niveles de iluminación. De modo que una vez que uno alcanza el Nirvana, eso es sólo el comienzo. Todavía se necesita mucho refinamiento antes de que uno pueda alcanzar la sabiduría perfecta de un Buda.

8. Budismos Hinayana y Mahayana

Hinayana y Mahayana son las dos ramas principales del budismo. Mahayana es un término sánscrito que significa "gran vehículo". Las enseñanzas del Mahayana son similares a una gran nave que puede transportar muchos seres vivos a través del océano del sufrimiento a la otra orilla, el Nirvana. Estas enseñanzas explican con detalle las herramientas que permiten a los Bodhisattvas salvar seres vivos a gran escala. Hinayana significa "pequeño vehículo", porque esta aproximación es más restringida y se enfoca primordialmente en perseguir la iluminación para uno mismo[3].

El budismo Theravada, que es predominante en países del sudeste asiático como Sri Lanka, Tailandia y Camboya, se considera típicamente como Hinayana, y los términos "Hinayana" y "Theravada" se usan a menudo de forma intercambiable.

La escuela Theravada está basada en las enseñanzas tempranas del Buda, conocidas como sutras, que están registradas en la lengua vernácula pali. El budismo Mahayana está basado en una colección de sutras más extensiva registrados en el lenguaje sánscrito, que es una forma más erudita de pali. Mientras que las enseñanzas Hinayana contienen sólo un subconjunto del abanico completo de enseñanzas y sutras que están incluidos en el canon Mahayana, las enseñanzas Mahayana incluyen el canon completo Hinayana. Esta es otra razón por la que el budismo Hinayana se conoce como "pequeño vehículo".

53

Sin embargo, es importante anotar que la esencia del término "Hinayana" no está ligada a la escuela Theravada, o a cualquier otra escuela o secta budistas. En general, Hinayana se puede referir a cualquier práctica budista que se enfoque primordialmente en la práctica individual, más que en beneficiar a todos los seres vivos a gran escala.

Con esta comprensión, muchas formas de budismo de la Tierra Pura, así como de práctica Zen, que existen en occidente, son de naturaleza Hinayana, a pesar de su designación oficial como Mahayana, porque enseñan principalmente cómo beneficiarse uno mismo, y no cómo salvar a todos los seres vivos.

Los objetivos principales del cultivo budista son: 1) terminar el sufrimiento y alcanzar la dicha; y 2) iluminarse y liberar a incontables seres vivos.

El budismo Hinayana se enfoca en la primera de estas metas: terminar el sufrimiento propio y alcanzar la dicha. Para conseguir esto, debemos vaciar nuestro ego, pues el ego es la fuente raíz de todo el sufrimiento. Por esto, las enseñanzas Hinayana se enfocan en los métodos para extinguir el ego.

Los practicantes Mahayana también procuran vaciar el ego. Sin embargo, el Mahayana se distingue por su énfasis en la segunda meta del budismo: iluminarse y aprender cómo liberar a incontables seres vivos.

Según las enseñanzas Mahayana traídas hasta nosotros por el Gran Maestro Xuan Hua, así como otros Patriarcas Mahayana, vaciar el yo no es todavía la iluminación; más bien, es un prerrequisito esencial que uno debe conseguir antes de poder iluminarse.

Así pues, los cultivadores Mahayana no se detienen una vez que han vaciado su ego, sino que aspiran a ir más allá y ver su Yo Verdadero (también conocido como Naturaleza de Buda). Los que tengan éxito conseguirán la sabiduría de un Bodhisattva y podrán alcanzar los distintos estadios de la iluminación.

Examinaremos el camino del Bodhisattva en el próximo capítulo; el resto de este capítulo explorará enseñanzas Hinayana esenciales.

Ambos, los practicantes Hinayana y Mahayana, comienzan su cultivo con el estudio de la moralidad y los preceptos. La conducta moral es la base de la concentración, o samadhi.

Consiguientemente, ambos, los cultivadores Hinayana y Mahayana se esfuerzan en aumentar su poder de samadhi mediante la meditación y otras prácticas.

La práctica adecuada de moralidad y concentración permite a los cultivadores vaciar el yo y terminar su propio sufrimiento. Cuando alguien lo consigue se dice que ha alcanzado el nivel de un Arhat, que es el objetivo primario del budismo Hinayana.

En sánscrito, la palabra 'Arhat' significa "oidor del sonido". Estos sabios generalmente ponen fin a su propio sufrimiento escuchando al Buda (i.e. oyendo su sonido) y siguiendo su guía.

Cuando el término Arhat se utiliza solo, se refiere en realidad a un Arhat de Cuarto Estadio. Ambos, Hinayana y Mahayana, reconocen tres estadios previos, conocidos como los Estadios

Primero a Tercero de la Arhateidad, y por ellos hay que pasar antes de convertirse en un Arhat de Cuarto Estadio. Estos estadios se explican en varios sutras, como el Sutra Almacén de la Tierra.

El Dharma para conseguir la Arhateidad se basa principalmente en las Cuatro Verdades Nobles de:

1. Sufrimiento

2. Acumulación

3. Extinción

4. El Camino

Según la Primera Verdad Noble, la Verdad del Sufrimiento, a menos que consigamos la sabiduría real, nuestra existencia está generalmente llena de sufrimiento.

Según la Segunda Verdad Noble, la Verdad de la Acumulación, el sufrimiento está causado por la acumulación de nuestros deseos y apegos: nuestros deseos tienen un modo de acumularse. Cuando no se satisfacen, como ocurre a menudo, sufrimos. Consecuentemente, nuestro sufrimiento también se acumula, y nos encontramos enterrados bajo una enredada maraña de dificultades y problemas, de la que es muy difícil librarnos por nosotros mismos.

Según la Tercera Verdad Noble, la Verdad de la Extinción, hay un estado llamado Nirvana, en el que no hay sufrimiento. El Nirvana se conoce también como iluminación, y se caracteriza por las cuatro cualidades de permanencia, pureza, Yo Verdadero y dicha.

Finalmente, según la Cuarta Verdad Noble, la Verdad del Camino, hay un camino al Nirvana, que los budistas conocen como el Camino Medio. Sígalo y podrá cruzar el mar del nacimiento y la muerte y alcanzar la "otra orilla" del Nirvana, dejando muy atrás "esta orilla", la orilla del sufrimiento.

Además de los Arhats, los Pratyekabuddhas son otro tipo de sabio en el Hinayana. Se llaman también Iluminados por las Condiciones o Iluminados Solitarios. Se puede alcanzar el estadio de un Pratyekabuddha investigando los siguientes Doce Eslabones Condicionados, que explican cómo se origina el ciclo de nacimientos y muertes, y también se corresponde con los estadios del desarrollo embrionario:

1. Ignorancia: el primer eslabón, ignorancia, se manifiesta como deseo sexual o formas de deseo relacionadas.

2. Actividad: el deseo conduce a la actividad sexual.

3. Consciencia: debido a la actividad sexual se produce la concepción. La consciencia humana se describe como formada por 8 componentes, conocidos como los ocho niveles de consciencia. En el momento de la concepción, la octava consciencia, también llamada alma, es la primera de esas componentes que llega.

4. Nombre y Forma: una vez que llega la consciencia, el feto empieza a formarse.

5. Seis Entradas: después el cuerpo humano toma forma, y los órganos sensoriales empiezan a funcionar.

6. Contacto: los órganos de los sentidos toman contacto con el mundo exterior.

7. Sentimiento: cuando nuestros sentidos contactan con el mundo, surgen sentimientos de placer o dolor.

8. Amor: amamos los sentimientos intensos agradables y los buscamos. Algunas veces se traduce como "anhelo" o "deseo", sin embargo, la palabra amor capta con mayor precisión el entendimiento de Buda sobre la naturaleza del sufrimiento.

9. Aferramiento: este amor hace que nos aferremos a las sensaciones agradables en forma de fuertes apegos.

10. Existencia: los fuertes apegos son las fuerzas mayores que nos impulsan inexorablemente a ser lo que deseamos. Así, vagamos de un plano de existencia al otro.

11. Nacimiento: nacemos en un nuevo plano de existencia.

12. Vejez y Muerte: una vez que nacemos, de forma inevitable envejeceremos y moriremos.

Para entender los Doce Eslabones y terminar el ciclo de la reencarnación, los Pratyekabuddhas se retiran a zonas desiertas. Practican ellos solos, contemplando el cambio de las estaciones y observando la naturaleza efímera de la vida. Una vez que entienden los Doce Eslabones Condicionados, alcanzan el despertar deshaciendo los doce eslabones causales sucesivos, en orden inverso, hasta que llegan al primero: la ignorancia. Acabando con la ignorancia, pueden destruir la fuente raíz de todo el sufrimiento y de la muerte, y obtener así la liberación.

Los que alcanzaron el nivel de un Pratyekabuddha cuando el Buda estaba todavía en el mundo, se conocen como Iluminados por las Condiciones. Ellos despertaron escuchando los sermones del Buda y contemplando estos Doce Eslabones Condicionados. Los que alcanzan el nivel de un Pratyekabuddha contemplando estos Doce Eslabones Condicionados cuando no hay un Buda en el mundo, se conocen como Iluminados Solitarios.

9. El Camino del Bodhisattva hacia la Budeidad

Los Bodhisattvas son una marca registrada del budismo Mahayana. Un Bodhisattva es un ser iluminado que hace amplios votos para rescatar a todos los seres vivos y guiarlos fuera del camino de su sufrimiento hacia la dicha del Nirvana.

Como hemos visto, los practicantes Hinayana están satisfechos una vez que alcanzan el nivel de un Arhat o de un Pratyekabuddha, mientras que los que cultivan el Mahayana continúan diligentemente su práctica hasta que pueden ver su Propia Naturaleza y llegan al nivel de un Bodhisattva. Para el practicante Mahayana, convertirse en un Bodhisattva es el primer nivel que puede calificarse de iluminación.

El estadio inicial de iluminación, en el que los Bodhisattvas tienen una primera visión clara de su Naturaleza Verdadera, se conoce como el Primer Nivel. En total hay Diez Niveles a través de los cuales los Bodhisattvas progresan, mientras se esfuerzan incansablemente en perfeccionar su comprensión. Después de alcanzar el Décimo Nivel, los Bodhisattvas logran el nivel de Iluminación Ecuánime, al que sigue el de la Iluminación Perfecta de los Budas. En sánscrito, el nivel de iluminación de un Buda se conoce como Anuttara-Samyak-Sambodhi, que significa "Iluminación Ecuánime, Correcta e Insuperable."

Como el nivel de comprensión de un Buda es increíblemente difícil de obtener, el camino del Bodhisattva abarca muchas vidas, y la iluminación es necesariamente un proceso de muchas vidas.

No es fácil, y lleva mucho tiempo. La práctica de un Bodhisattva puede compararse al pulido de un espejo con capas de mugre y suciedad. Cuantas más capas de suciedad hay, más tiempo lleva pulirlo.

Sólo cuando consigan pulir completamente la superficie del espejo, de modo que pueda reflejar todas las cosas sin ninguna distorsión, habrán alcanzado el estado de un Buda.

El camino del Bodhisattva comienza con un simple pensamiento, que es conocido como la resolución de Bodhi. Este pensamiento es simplemente hacer el voto de alcanzar la Iluminación Perfecta de un Buda, no importa cuántas vidas lleve. De alguien que hace sinceramente este voto se dice que ha dado lugar a la Mente de Bodhi, o Bodhicitta.

El espíritu de la Mente de Bodhi se refleja en los Cuatro Grandes Votos de un Bodhisattva:

1. Voto salvar a los ilimitados seres vivos

2. Voto terminar con las inagotables aflicciones

3. Voto estudiar las incontables Puertas del Dharma

4. Voto alcanzar el Camino Insuperable del Buda

El Bodhisattva Almacén de la Tierra, uno de los Bodhisattvas principales del Mahayana, ejemplifica el primero de estos votos. Bodhisattva Almacén de la Tierra es una traducción del nombre sánscrito Ksitigharba, conocido como Dì Zàng Pú Sà 地藏菩薩 en chino. Durante una de sus vidas anteriores, el Bodhisattva Almacén de la Tierra fue una mujer joven que pidió sinceramente a los Budas conocer el destino de su madre fallecida. Entonces la mujer tuvo una visión en la que experimentó a su madre sufriendo en los infiernos. Quedó tan afligida, que hizo el voto de obtener la iluminación y salvar a todos los seres vivos que cayesen en los infiernos. A raíz de ello, empezó a cultivar y con el tiempo se convirtió en el Bodhisattva Almacén de la Tierra, y expresó sus votos iniciales como sigue: "Si los infiernos no están vacíos no me convertiré en un Buda; sólo cuando todos los seres vivos estén salvados alcanzaré Bodhi."

En otras palabras, hasta que ya no haya seres sufriendo en los infiernos, el Bodhisattva Almacén de la Tierra no descansará en la dicha final del Nirvana de un Buda, sino que continuará renaciendo, vida tras vida, para rescatar incontables seres vivos. Sin embargo, los infiernos nunca estarán vacíos, y siempre habrá más seres vivos que necesiten ser rescatados. Así pues, los votos del Bodhisattva Almacén de la Tierra son infinitos.

Para algunas personas, hacer tales votos infinitos, que son lógicamente imposibles de conseguir, puede parecer sin sentido. Sin embargo, esto es porque no podemos entender el estado de un Bodhisattva. En otras palabras, como la iluminación no puede ser comprendida por nuestra mente discriminante, es absurdo intentarlo y analizar racionalmente los Cuatro Grandes Votos de un Bodhisattva.

Sepa simplemente, que el voto de salvar todos los seres vivos significa que los Bodhisattvas salvan a todo el mundo sin discriminación, sea hombre o mujer, chino o hispano, animal o humano, etc. Así es cuán vasta y extensa es su forma de pensar.

¿Por qué desean los Bodhisattvas salvar a todos los seres de esta forma? Porque reconocen que incluso los animales, como los peces o los pequeños insectos pueden haber sido nuestros parientes en el pasado y puede que lo sean en el futuro. Como me dijeron una vez en una gran empresa para la que trabajé, es más sabio tratar a todo el mundo amablemente, "Nunca sabes para quién trabajarás la próxima vez."

Beneficiando a todos los seres vivos sin discriminación, los Bodhisattvas crean muchas afinidades, o conexiones kármicas, con los seres vivos. Cuando se encuentren con estos seres de nuevo en vidas futuras, serán capaces de usar esas afinidades para enseñarles y transformarlos.

Finalmente, podemos mirar esos grandes votos como sigue: cuando la mente del Bodhisattva se hace verdaderamente ilimitada, igual que el número de seres vivos que ella ha hecho el voto de rescatar, el Bodhisattva instantáneamente se convierte en un Buda.

Deberíamos tener fe, en lugar de tratar de entender estos estados con nuestra mente pensante. Si nosotros también somos capaces de hacer votos tan grandes, entonces un día entenderemos por nosotros mismos lo que significa salvar a todos los seres vivos y conseguir el Camino del Buda.

Otro gran Bodhisattva en el Mahayana es Avalokiteśvara, el Bodhisattva de la Compasión. En el budismo chino, Avalokiteśvara es conocido como Guān Yīn Pú Sà 觀世音菩薩. Al igual que el Bodhisattva Almacén de la Tierra, Guan Yin también hizo grandes votos en el pasado. En particular Guan Yin hizo el voto de ayudar a los que están en peligro o angustia. Muchos budistas creen que obtienen la protección de Guan Yin recitando su nombre en momentos de dificultad.

La historia de la iluminación de Guan Yin mediante la Puerta del Dharma de escuchar su Naturaleza Propia se narra en el Sutra Shurangama. Trataremos de este método muy efectivo enseñado por Guan Yin en el capítulo 33 de este libro, donde explicaremos las técnicas básicas de la práctica de la Tierra Pura.

Pero, por ahora, veamos los Seis Paramitas, que son prácticas que todos los Bodhisattvas usan a medida que van refinando su comprensión.

Paramita es un término sánscrito que significa "alcanzar la otra orilla" o "conseguir". Los que aspiran a seguir el camino del Bodhisattva deben practicar estos Dharmas a la perfección.

Los Seis Paramitas son:

1. Dar: podemos practicar dar riqueza, el Dharma o valentía. Riqueza externa incluye dinero o cosas materiales, mientras que riqueza interna se refiere a dar partes del cuerpo, como en la donación de órganos. Dar el Dharma incluye hablar el Dharma para otros, para ayudarles a obtener la liberación. Dar valentía ayuda a aliviar el miedo y la ansiedad cuando surgen en otros. De las tres formas de dar, dar el Dharma es la más importante porque genera "bendiciones sin emanaciones". Estas son el tipo de bendiciones necesarias para alcanzar la Budeidad, y se explicarán con más detalle en el capítulo 35, "La Moneda de las Bendiciones".

2. Preceptos: éstas son las normas budistas de moralidad, que delimitan claramente lo correcto de lo erróneo, lo bueno de lo malo. Uno puede ver los preceptos como un escudo que protege frente al daño. Cuando se violan las reglas de

moralidad, nos condenamos inevitablemente a las retribuciones futuras por nuestras ofensas. También pueden verse los preceptos como un mapa. Estudiando los preceptos podemos aprender a reconocer el peligro y evitar los precipicios y atolladeros, de modo que nuestro viaje a la Budeidad sea menos peligroso.

3. Paciencia: cultivar la paciencia exige soportar lo que no puede soportarse. Por ejemplo, debemos pasar la prueba de que nos griten sin motivo, y no afligirnos. O quizás debemos pasar hambre y sed como parte de nuestra prueba. El objetivo es soportarlo todo, hasta que podamos perfeccionar nuestra paciencia y alcanzar el estado llamado Paciencia de la No-Producción. En ese punto, no hay nada que no podamos soportar.

4. Vigor: practicamos el vigor aplicando nuestro esfuerzo incansablemente de las siguientes cuatro maneras:

o   Nos esforzamos diligentemente en prevenir que surja el mal potencial.

o   Nos aplicamos en eliminar el mal que ya existe.

o   Trabajamos duro para crear todo el bien potencial que aún no ha surgido.

o   Nutrimos seriamente el bien que ha surgido para que continúe creciendo.

5. Samadhi: significa en sánscrito concentración propia, samadhi se refiere a nuestra capacidad de mantener nuestra concentración en la tarea que estamos haciendo. Mantener

la concentración nos permite aplicar el poder necesario para atravesar la niebla de la ignorancia. Esta característica del samadhi se recoge en la frase "concentración de láser", conocida comúnmente como fortaleza mental. El Buda enseñó que, "Concentrando la mente en un punto, no hay nada que no pueda conseguirse". En otras palabras, para tener éxito en cualquier cosa, necesitamos mantener nuestra concentración, sin distracción por cosas externas, hasta que la tarea se ha terminado. Uno de los métodos más efectivos de desarrollar poder de samadhi es practicar la meditación Chan.

6. Sabiduría: sabiduría transcendental, o sabiduría prajna, es la sabiduría de los sabios Mahayana: Los Budas y los Bodhisattvas. En el Mahayana se considera que alguien tiene sabiduría una vez que alcanza la iluminación y es capaz de ver el Vacío Verdadero. Entonces uno está en contacto con la Verdad Real.

Mientras que el Dharma Mahayana principal se centra en los Seis Paramitas, también se nos anima a practicar las Diez Mil Prácticas Auxiliares. Estas prácticas incluyen Puertas del Dharma adicionales como postrarse en arrepentimiento, recitar sutras, mantener sutras, explicar el Dharma, etc. Las Diez Mil Prácticas Auxiliares facilitan la perfección de los Seis Paramitas.

Practicando los Seis Paramitas y las Diez Mil Prácticas Auxiliares, los Bodhisattvas perfeccionan gradualmente su camino a la Budeidad. De hecho, con el tiempo todos cultivaremos estos Seis Paramitas. ¿Por qué? Porque estos Paramitas son el sendero principal hacia la Budeidad, y el Mahayana enseña que, con el tiempo, cada uno de nosotros se convertirá en un Buda, con la misma realización que el propio Shakyamuni. Sólo es una cuestión de tiempo.

Sin embargo, la escala de tiempo involucrada en ello es enorme. Podría llevarnos millones o incluso billones de vidas convertirnos en un Buda completamente iluminado.

En el caso de que se pregunte si hay un camino más rápido, la respuesta, afortunadamente, es "Sí".

II Introducción al Budismo de la Tierra Pura

10. ¿Qué es el Budismo de la Tierra Pura?

La vida en este mundo es una lucha constante.

El Buda encontró una solución, y nos enseñó cómo nosotros también podemos terminar el ciclo de nacimientos y muertes, librándonos de todo el sufrimiento y alcanzando la iluminación. Al final, nuestro objetivo es conseguir el estado perfecto de un Buda, de modo que podamos un día enseñar y transformar tantos seres vivos como el Buda Shakyamuni mismo ha hecho en nuestro mundo.

Sin embargo, el camino para conseguir la Budeidad es increíblemente largo y arduo y se extiende a lo largo de muchas vidas. Y cada vez que morimos y cambiamos a un nuevo cuerpo, nos enfrentamos al riesgo de caer en las esferas de renacimiento inferiores, donde experimentaremos gran sufrimiento, y retrocederemos de nuestra meta de alcanzar la iluminación perfecta.

Esa es la razón por la que el budismo de la Tierra Pura aboga por buscar el renacimiento en las Tierras Puras, donde pueden evitarse los peligros de la reencarnación, y acelerar rápidamente nuestro progreso hacia la iluminación y el logro de la Budeidad. Las Tierras Puras son realmente el mejor sitio para nosotros porque nos ofrecen el camino más fácil y más directo hacia la iluminación.

Las Tierras Puras son maravillosas porque la vida allí está llena sólo con dicha, y la duración de la vida es increíblemente larga. Pero lo más importante es que, aquéllos que alcanzan las Tierras Puras tienen asegurado el logro de la iluminación al final de su vida. Como los que están iluminados nunca han de retroceder en la rueda de la reencarnación, las Tierras Puras ofrecen un escape permanente del sufrimiento.

La Tierra Pura más conocida es la Tierra Pura Occidental de Dicha, a la que nos referiremos a menudo simplemente como "La Tierra Pura". En sánscrito, la Tierra Pura Occidental de Dicha es conocida como Sukhāvatī, y en chino como Jílè 極樂 ("Dicha Definitiva"), Ānlè 安樂 ("Dicha Pacífica"), o Xītiān 西天 ("Cielo Occidental"). Hogar del Buda Amitabha e incontables sabios iluminados, la Tierra Pura Occidental de Dicha existe en una galaxia muy lejana de la nuestra. Si cultivamos los métodos del budismo de la Tierra Pura, podemos renacer en la Tierra Pura en nuestra próxima vida, donde seremos capaces de cultivar con el Buda Amitabha y los otros sabios iluminados que residen allí.

Dos grandes Bodhisattvas también ejercen como líderes de la Tierra Pura Occidental de Dicha, al lado de Amitabha. Estos son el Bodhisattva Guan Yin y el Bodhisattva Gran Fuerza. Juntos, los tres, son conocidos como los Tres Dignos, o los Tres Sabios (de la Tierra Pura Occidental de Dicha).

Si usted visita un templo de la Tierra Pura, lo más probable es que vea a estos Tres Sabios en el altar principal. En el centro está el Buda Amitabha; a su izquierda el Bodhisattva Guan Yin sosteniendo la vasija pura, y a su derecha el Bodhisattva Gran Fuerza sosteniendo una flor de loto en su mano izquierda.

El Bodhisattva Gran Fuerza, es conocido en chino como Dà Shì Zhì Pú Sà 大勢至菩薩, o Mahāsthāmaprāpta en sánscrito, y se iluminó recitando el nombre de Buda. Esa es la razón por la que viaja a través de nuestro mundo enseñando a los seres vivos a recitar el nombre de Buda para conseguir la iluminación, o el renacimiento en la Tierra Pura de Amitabha.

La Tierra Pura Occidental de Dicha de Amitabha, sin embargo, es sólo un ejemplo de una Tierra Pura. De hecho, hay muchas Tierras Puras en esta Esfera del Dharma –que es un término budista para el universo completo. La Esfera del Dharma no sólo contiene incontables Tierras Puras, sino también otros incontables mundos como el nuestro.

En general, los diferentes mundos dentro de toda la Esfera del Dharma pueden ser de dos tipos:

*   Tierras Corruptas, también conocidas como Tierras Impuras

*   Tierras Puras

El mundo en el que vivimos, conocido como mundo Saha en el budismo, es un ejemplo perfecto de una tierra corrupta. El mundo Saha es en realidad mucho mayor que nuestro planeta tierra, e incluye toda la galaxia de la Vía Láctea.

¿Cuál es la diferencia entre Tierras Puras y Tierras Corruptas? La palabra corrupta o impura lo dice todo. Los lugares impuros están llenos de corrupciones. Los habitantes están confusos y engañados. Cometen malas acciones, y raramente hacen el bien. Se recrean en el deseo, la lucha y la discusión, se llevan unos a otros a los tribunales, se engañan etc. Las Tierras Puras, por el otro lado, son lugares muy dichosos donde los cultivadores se enfocan en la bondad y alcanzar la iluminación. Además, todo el entorno físico de las Tierras Puras está adornado por flores, instrumentos musicales, pabellones con torres cubiertos con gemas y otras características llamativas.

Del mismo modo que el Buda Shakyamuni nos enseñó sobre la Tierra Pura Occidental de Dicha de Amitabha, también nos enseñó acerca de la Tierra Pura de Vaidurya del Buda Maestro de la Medicina, otra Tierra Pura que está localizada en dirección oriental. En esta Tierra Pura hay mujeres y hombres, pero no hay deseo sexual. Todos los habitantes tienen los mismos cuerpos adornados que Buda, lo que significa que comparten las 32 marcas y 80 características del cuerpo de Buda; estas características están descritas en los sutras, e incluyen, por ejemplo, las largas orejas de Buda, pies planos y cabello oscuro y rizado. La Tierra Pura de Vaidurya está repleta de cultivadores superiores tales como Bodhisattvas, Pratyekabuddhas y Arhats. Esta Tierra Pura está igual de adornada que la Tierra Pura de Dicha de Amitabha en el Oeste.

Cada mundo, sea puro o impuro, es creado por un Buda para atraer y servir a ciertos tipos de seres vivos. Aquí usaremos los términos "mundo" y "Tierra de Buda" o simplemente "Tierra" indistintamente.

Los Bodhisattvas, al ir cultivando vida tras vida en el largo camino hacia la Budeidad, generan un mérito y una virtud inmensos, que ellos entonces transforman en la creación de su propia Tierra de Buda. Una vez que se convierten en Budas, esa tierra se convertirá en su hogar-base, desde el cual enseñarán y transformarán a incontables seres vivos. La Tierra de Buda puede crearse como ellos deseen, posiblemente para reflejar y honrar a aquéllos que les ayudaron en su cultivo anterior.

Por ejemplo, supongamos que usted recibió ayuda de la gente de La India durante el transcurso de su cultivo para convertirse en

Buda. Usted puede escoger crear un mundo que es agradable y familiar a aquéllos que le ayudaron –por ejemplo, una tierra con maravillosos curris– para pagar sus deudas a la gente que le ayudó, y permitirles también convertirse en Budas. De este modo cada Buda crea su propio mundo al conseguir la Budeidad.

Usted puede preguntarse por qué los Budas, que están iluminados, crearían mundos corruptos. ¿No sería más lógico que sólo creasen Tierras Puras, donde todo el mundo fuese feliz?

Eso sería bonito. Pero pensemos sobre ello. Si sólo hubiera Tierras Puras ¿a dónde iría la gente engañada?

En otras palabras, las Tierras Impuras son necesarias para acomodar a aquéllos que carecen de bendiciones, hasta que acumulan suficiente buen karma para conseguir llegar a las Tierras Puras.

Los mundos impuros son también ideales para Bodhisattvas y Budas para venir y ayudar a los seres vivos a despertar a su propio sufrimiento y experimentar lo que se conoce como "repugnancia" y "distanciamiento". En otras palabras, los que están bendecidos se darán cuenta de que la existencia que la mayoría de nosotros experimentamos en este mundo no es deseable.

Hace falta sabiduría y una gran cantidad de bendiciones para experimentar la "repugnancia" y librarnos de nuestros apegos a esta existencia. Pero una vez que lo hacemos, de modo natural querremos distanciarnos de intereses mundanos fútiles y tomar la resolución de nacer en las Tierras Puras, donde, de principio a fin, sólo hay dicha y absolutamente ningún sufrimiento.

Por ejemplo, en nuestro mundo Saha, muchos de nosotros estamos preocupados por la riqueza material y la acumulación de bienes materiales porque, en nuestra ignorancia, pensamos que las riquezas nos traerán libertad y seguridad. Pero hacerse rico no garantiza seguridad o libertad.

Los que llegan a las Tierras Puras, sin embargo, tendrán seguridad verdadera: nunca más tendrán que caer en las esferas inferiores para renacer como fantasmas, como animales, o en los infiernos. En su lugar, progresarán continuamente hacia la iluminación, la libertad definitiva.

Aunque la Tierra Pura Occidental de Dicha de Amitabha es sólo una de las incontables Tierras Puras, por lo que a los habitantes de este mundo Saha nos concierne, la Tierra Pura de Amitabha representa nuestra mejor oportunidad de renacimiento en una Tierra Pura. Esto se debe al poder del voto del Buda Amitabha y a sus grandes afinidades con nosotros.

11. Beneficios del Enfoque de la Tierra Pura

Las enseñanzas de la Tierra Pura, y las del budismo Mahayana en general, nos equipan con un nuevo conjunto de herramientas con las que abordar nuestros problemas. A medida que absorbamos la perspectiva Mahayana en nuestra visión del mundo, encontraremos más y más modos de mejorarnos a nosotros mismos y servir a los demás. Nuestras vidas, de modo natural, adquirirán más significado.

Hay muchos modos en los que el Dharma de la Tierra Pura puede ayudarnos a mejorar. Por ejemplo, los practicantes de la Tierra Pura cuentan de haber obtenido los siguientes beneficios:

1. Convertir obstrucciones y dificultades en bendiciones

2. Menos aflicciones

3. Menos estrés

4. Más paz mental

5. Un estilo de vida más agradable

6. Una vida familiar mejor

7. Protección por los espíritus, evitando desastres y accidentes inesperados

8. Mayor sabiduría

9. Ser más amables y compasivos

10. Una muerte pacífica, con menos aflicciones mentales

11. Erradicar sus obstrucciones

Así pues, los métodos de la Tierra Pura pueden mejorar nuestro samadhi, o poder de concentración. Esto conlleva muchos beneficios, desde más resistencia y mayor fuerza, hasta relajación y mejores relaciones con los demás. Para saber más sobre cómo aumentar su poder de samadhi, vea por favor los capítulos 33 y 37, así como "El Manual de Chan: La Guía del Aprendiz para la Meditación".

También, el saber que hay más en la vida que la lucha y el sufrimiento que experimentamos hoy en día en nuestro mundo, puede resultar alentador. Después de esta vida, las cosas pueden ir mejor, mucho mejor, si practicamos bien. Saber esto alivia algo de la presión del sufrimiento que enfrentamos actualmente.

En particular, las enseñanzas de la Tierra Pura son muy efectivas para ayudar a los que están extremadamente enfermos o muriendo. Esas personas normalmente no tienen el tiempo y la energía que se requeriría para alcanzar la iluminación y resolver sus obstrucciones kármicas en esta vida. Sin embargo, debido a que están forzados a enfrentar el problema del sufrimiento cara a cara, pueden entrar en estados mentales extremadamente enfocados y poderosos. Si tienen fe en las enseñanzas de la Tierra Pura, los que están enfermos pueden obtener alivio al situar sus enfermedades dentro de un contexto más amplio y más significativo. Y algunos pueden incluso experimentar mejorías espectaculares en su salud. Finalmente, los que están muriendo, a menudo son capaces de enfrentarse a la muerte con mucha mayor paz y tranquilidad.

Esto se encuentra ilustrado en la siguiente conocida historia, registrada en los "Registros de Renacimientos en la Tierra Pura Occidental de Dicha 淨土往生錄": Hubo una vez un carnicero que estaba especializado en la venta de carne de vaca. Hacia el final de su vida soñaba a menudo con multitudes de ganado que venían a acosarlo. Le dijo a su mujer que pidiese ayuda a la sangha (comunidad monástica) budista. Llamaron a un monje sénior, que vino y dijo que el karma del carnicero era muy pesado: sólo recitar el nombre de Buda podría ayudar. El carnicero recitó junto con el monje. Pasado un tiempo, los fantasmas (el ganado) se fueron y sintió una profunda sensación de paz. Como resultado de esta experiencia, el carnicero llegó a tener gran fe en Amitabha y la Tierra Pura Occidental de Dicha. Dándose cuenta de que podía ir a un lugar mucho mejor después de su muerte, continuó recitando más en serio. En poco tiempo, proclamó que había visto al Buda venir a saludarlo. Él renació en la Tierra Pura de Dicha Occidental.

Además, tenemos varios casos en los que miembros de nuestro templo habían tenido sueños de sus familiares fallecidos pasando por grandes sufrimientos. Cuando estas personas hicieron uso de ceremonias especiales que están disponibles en el budismo de la Tierra Pura para ayudar a los fallecidos, después tuvieron sueños en los que sus familiares se encontraban bien y habían alcanzado un lugar mucho mejor.

En el fondo, el sufrimiento que experimentamos en este mundo es innecesario y podemos ponerle fin. Esto es exactamente lo que todos nosotros deberíamos aspirar a hacer. Los que están muy enfermos o muriendo a menudo tienen el incentivo para reconocerlo más rápidamente, y pueden ser así capaces de resolver inmediatamente el problema, consiguiendo llegar a la Tierra Pura Occidental de Dicha tras su muerte.

Sin embargo, uno no necesita estar en crisis para beneficiarse de la Puerta del Dharma de la Tierra Pura. Como hemos visto, los métodos de la Tierra Pura son especialmente apropiados para cualquiera que no sea capaz de alcanzar la iluminación en esta vida, que somos la mayoría de nosotros. La Puerta del Dharma de la Tierra Pura tiene la ventaja única de que puede ser practicada por gente de todos los niveles, desde iniciales hasta avanzados. Mientras que algunas prácticas de la Tierra Pura son simples, aunque efectivas, otras son mucho más sutiles y difíciles de entender y practicar.

Los que adoptan un enfoque intelectual de las enseñanzas, algunas veces malinterpretan la Puerta del Dharma de la Tierra Pura meramente como una historia o un expediente diseñado para motivarnos a practicar. Sin embargo, esta es una equivocación que debería evitarse: Las Tierras Puras existen realmente, del mismo modo que existe nuestro mundo.

Si conseguimos llegar a una de esas Tierras Puras, no sólo no experimentaremos sufrimiento, sino que nuestra existencia será también intrínsecamente plena de significado. En vez de dirigir nuestras energías hacia ocupaciones mundanas, como hacemos en las Tierras Impuras, sólo tendremos una cosa que hacer: cultivar hasta convertirnos nosotros mismos en Budas.

Eso es felicidad verdadera. Eso es seguridad. Eso da significado a la vida.

12. El Buda Amitabha y Sus Cuarenta y Ocho Votos

Hoy en día tenemos acceso a la Tierra Pura Occidental de Dicha gracias a los votos y las prácticas pasadas del Buda Amitabha.

En el Sutra Amitabha, el Buda Shakyamuni afirma: "Shariputra, ¿Qué piensas? ¿Por qué es llamado este Buda Amitabha? Shariputra, el brillo de la luz de este Buda es inconmensurable e ilumina las Tierras de las diez direcciones por todas partes y sin obstrucción, por esta razón es llamado Amitabha."

De hecho, el nombre de Amitabha significa "luz ilimitada". Su luz alcanza todas partes. Por eso todos los seres vivos pueden recurrir a su guía y apoyo.

Viendo lo difícil que es para los seres vivos alcanzar la iluminación y convertirse definitivamente en Budas, Amitabha creó un Dharma especial para ayudarnos a conseguir el renacimiento en su Tierra Pura. Él cultivó minuciosamente para perfeccionar su capacidad para ayudarnos a alcanzar el renacimiento allí. Después, él invirtió el mérito y la virtud de sus muchas vidas de cultivo en la creación de la Tierra Pura Occidental de Dicha. Ahora que sus votos compasivos se han cumplido, su Tierra Pura se ha convertido en uno de los lugares más ideales imaginables para que los cultivadores sinceros se reúnan y sean apoyados en su camino.

Amitabha dedicó tanto tiempo a cultivar el camino del Bodhisattva, que tiene afinidades con un inmenso número de seres vivos en todo el Universo. Gracias a los votos de Amitabha, todo lo que tenemos que hacer es recitar su nombre, y podemos inmediatamente recurrir a su poder para ayudarnos a progresar. Incluso entre los benditos, Amitabha brilla.

¿Cómo pudo Amitabha llegar a crear un método tan poderoso para ayudar a los seres vivos?

Hace muchísimo tiempo, en una vida anterior, el Buda Amitabha fue un rey poderoso. Este rey hacía repetidamente ofrendas al Buda Rey de la Automaestría en el Mundo, un Buda anterior de un pasado distante. Tras hacer ofrendas, el rey escuchó al Buda hablar el Dharma. Más tarde, el rey renunció a su trono, dejó la vida de hogar, y se hizo conocido como el Bhikshu Tesoro del Dharma (Bhikshu es la palabra sánscrita para un monje varón o "persona que ha dejado el hogar").

Mientras cultivaba el Camino[4], el Bhikshu Tesoro del Dharma pidió al Buda Rey de la Automaestría en el Mundo que le mostrase los mejores mundos de la Esfera del Dharma. El Buda usó sus poderes espirituales para revelarle todos los mundos, e incluso explicó al Bhikshu Tesoro del Dharma cómo fue creado cada uno de ellos.

El Bhikshu Tesoro del Dharma decidió entonces, por medio de su cultivo, crear la mejor Tierra Pura posible. Por esa razón hizo 48 grandes votos. Esos votos lo impulsaban para conseguir, con el tiempo, en un futuro lejano, la iluminación perfecta y convertirse en el Buda Amitabha.

Por ejemplo, en uno de sus votos, el Bhikshu Tesoro del Dharma enunciaba: "No me convertiré en un Buda hasta haber creado un mundo en el que renazcan todos los seres que reciten diez veces mi nombre con una mente concentrada en un solo punto."

Más aún, el Bhikshu Tesoro del Dharma votó que no se convertiría en Buda hasta que hubiese creado una tierra donde los seres vivos no tuviesen que sufrir más y progresasen continuamente hacia la Budeidad. Así es: en la Tierra Pura usted puede convertirse en un Buda en una vida, sin tener que volver de nuevo a la rueda de la reencarnación.

En cada uno de sus 48 grandes votos, el Bhikshu Tesoro del Dharma dice que rehúsa a convertirse en Buda a menos que todos sus 48 votos se hagan realidad.

Después de hacer sus votos, el Bhikshu Tesoro del Dharma cultivó durante incontables vidas para cumplirlos. Hace diez grandes kalpas, su cultivo tuvo éxito y alcanzó la iluminación perfecta; así se convirtió en el Budha Amitabha. Esto significa que todos los 48 votos de Amitabha se cumplieron hace 10 grandes kalpas (que es una cantidad de tiempo increíblemente grande). Así pues, todas las técnicas que Amitabha concibió en cada uno de sus votos están ahora disponibles y listas para que nosotros las usemos.

Amitabha cultivó como un Bodhisattva durante tanto tiempo, que generó el suficiente mérito y las suficientes afinidades kármicas como para crear un mundo que los seres de todo el universo puedan utilizar como una estación de destino hacia la iluminación. Así fue como se creó la Tierra Pura Occidental de Dicha. Esto está bien documentado en el Sutra Largo de Amitabha y en el Sutra Corto de Amitabha.

Una vez que lleguemos a la Tierra Pura, tendremos al mismo Buda Amitabha como nuestro maestro, así pasaremos un tiempo mucho más agradable experimentando los profundos principios del budismo.

Aunque ir a las Tierras Puras es lo más deseable –cualquiera de ellas– no es fácil de conseguir. Deberíamos saber que podemos ir a cualquier Tierra Pura de nuestra elección. Sin embargo, en este mundo tenemos afinidades tan fuertes con el Buda Amitabha, que su Tierra Pura Occidental de Dicha es la más fácil de alcanzar para nosotros. Por ello, todos los Budas elogian al Buda Amitabha e incluso incontables grandes Bodhisattvas hacen el voto de renacer allí. Si los mismos Bodhisattvas deciden ir a las Tierras Puras para cultivar, deberíamos seguir su ejemplo y hacer lo propio.

13. Un Día de Vida en la Tierra Pura

Para averiguar qué aspecto tiene la Tierra Pura Occidental de Dicha podemos consultar el Sutra en el que el Buda Habla de Amitabha. En este sutra, también conocido como El Sutra Corto de Amitabha o simplemente El Sutra de Amitabha, el Buda Shakyamuni describe la Tierra Pura diciendo:

"Shariputra, en esa Tierra de Buda cuando sopla un viento suave, las hileras de árboles enjoyados y las redes enjoyadas emiten sonidos sutiles y maravillosos, como cien mil clases de música tocadas al mismo tiempo. Todos los que escuchan estos sonidos, de forma natural hacen surgir en sus corazones atención plena en el Buda, atención plena en el Dharma y atención plena en la Sangha."

Este sutra contiene muchas descripciones más de los adornos y la dicha insuperables que se encuentran en la Tierra Pura: todo en el ambiente allí, desde los árboles y pabellones, hasta los habitantes, y los Budas y Bodhisattvas que ejercen como maestros, todo nos apoya en la práctica del Dharma y nos ayuda en la comprensión del profundo significado de las enseñanzas de Buda.

Y, desde luego, no hay absolutamente ningún sufrimiento en la Tierra Pura Occidental de Dicha. Usted no puede imaginarse una vida más maravillosa que la que experimentará allí. Cuando usted despierte por la mañana, podrá ver estanques de flores de loto multicolores que se extienden ante su palacio. O si usted vive en uno de los palacios que están suspendidos en el cielo, su meditación matutina puede verse acompañada por la luz que ilumina las nubes a su alrededor, y que se refleja en las siete gemas preciosas que adornan su palacio.

Tras su meditación, usted puede decidir ir a nadar a los estanques de agua con ocho cualidades virtuosas o dar un paseo – estando siempre presentes el sonido de pájaros cantando en el aire fresco de la mañana, la música sublime del viento que pasa entre los árboles, el brillo dorado de la tierra bajo sus pies: todo le llena con un profundo sentido de asombro y alegría por la profundidad de la sabiduría y las enseñanzas de Buda.

En el mundo Saha, sus percepciones sensoriales solían alimentar sus deseos y distraerle del cultivo. Pero en la Tierra Pura, todo lo que percibe y experimenta incrementa su concentración y le ayuda a desplegar su sabiduría inherente. Cuando usted regresa a casa, aspirando la delicada fragancia de las flores de loto, puede contemplar su gratitud hacia el Buda Amitabha por crear un mundo tan maravilloso, donde todo el ambiente habla el Dharma y apoya su cultivo.

Al terminar su paseo, usted recolecta algunas flores para ofrendas. Como todo el mundo en la Tierra Pura puede hacer uso de los poderes espirituales de Amitabha, usted puede viajar libremente a través de todo el universo. Todos los días, antes del almuerzo, usted visita mundos distantes para mostrar sus respetos y aprender de otros Budas allí.

Cuando regresa, es el tiempo de su almuerzo. Cualquier comida que desee aparece ante usted, mientras usted come con atención plena. Cuando termina, puede sentarse con sus compañeros de cultivo y hablar sobre las sutilezas del Dharma.

Por la tarde, usted puede bañarse en los estanques de lotos, que ajustan su temperatura a sus deseos a la vez que nutren sus buenas raíces –i.e. las grandes bendiciones que le aportan el potencial para progresar en su cultivo.

El agua que fluye en los estanques habla el Dharma del sufrimiento, la impermanencia, el no-yo y el vacío. Usted puede apreciar cómo cada momento de su vida está dedicado al cultivo. No hay necesidad de trabajar o ganar dinero. No tiene enfermedades, adicciones u obstrucciones. Los tres senderos inferiores de animales, fantasmas e infiernos ni siquiera existen en la Tierra Pura Occidental de Dicha, de modo que no hay fantasmas o demonios que lo acosen.

Por la noche, tras algo más de meditación o estudio de sutras, puede que el Bodhisattva Guan Yin imparta una Charla sobre el Dharma. O posiblemente el Buda Amitabha mismo hablará para la asamblea en su Salón del Dharma, en lo alto de un pabellón hecho de los siete metales y gemas preciosos: oro, plata, lapislázuli, cristal, madreperla, perla roja y cornalina. Tras la conferencia, usted quizás desee finalizar el día con algo más de meditación, de modo que pueda absorber el dharma que acaba de escuchar.

Cada día su cultivo revela nuevas facetas de la sabiduría del Buda; usted constantemente desarrolla entendimiento mientras progresa a través de los estadios de Arhateidad y asciende a los niveles del Camino del Bodhisattva. Día tras día, usted ve su Naturaleza de Buda con claridad cada vez mayor y aprende a apreciar la infinita sutileza de su propia Mente Verdadera.

Usted está libre de miedo, pues sabe que vivirá así durante muchos eones, hasta que con el tiempo, perfeccione su iluminación. Entonces usted será capaz de regresar a las Tierras Impuras, sólo que esta vez como un Buda, y allí usted cruzará incontables seres vivos de la orilla del sufrimiento a la otra orilla, la del Nirvana.

De verdad ¿podría pedir algo más?

III Conceptos Esenciales del Budismo de la Tierra Pura

14. La Mejor Puerta del Dharma

El Buda provee muchos puntos de entrada a través de los cuales los seres vivos pueden entrar a su mundo. Si podemos pasar a través de estas Puertas del Dharma, entonces podemos obtener el conocimiento de Buda.

Las Puertas del Dharma se refieren a los varios métodos de Prácticas Budistas. Budas y Bodhisattvas vienen a nuestro mundo para enseñar estos métodos y ayudarnos a alcanzar la iluminación.

Cuando el Buda Shakyamuni trajo el budismo a este mundo Saha hace más de 2.500 años, él enseñó muchas Puertas del Dharma diferentes, todas ellas muy poderosas. Sin embargo, hay una Puerta del Dharma que es particularmente apropiada para el tiempo presente. Esta Puerta del Dharma es el budismo de la Tierra Pura.

Para ver por qué, podemos mirar a los tres periodos principales del budismo:

La Era del Dharma Correcto: Este periodo abarca los primeros 500 años tras el Nirvana del Buda. Durante este tiempo, el cultivo de Samadhi (concentración) por medio de la meditación era común, las personas alcanzaban con bastante facilidad la sabiduría.

La Era de la Apariencia del Dharma: Durante los siguientes 500 años, las personas preferían cultivar bendiciones construyendo templos e imágenes.

La Era del Final del Dharma: Actualmente estamos en esta era, en la que el Buda predijo que el mundo estaría lleno de lucha y conflicto y pocas personas cultivarían seriamente el Dharma o se esforzarían por llevar vidas virtuosas.

Desde que entramos en la Era del Final del Dharma hace casi 2.000 años, el budismo ha ido declinando gradualmente, y continúa su declive. Según el Buda, este periodo durará un total de 10.000 años, y al final de esta era, el budismo se extinguirá.

No es difícil ver los signos de la Era del Final del Dharma alrededor nuestro: vivimos en una cultura cada vez más agitada y dispersa que promueve la autocomplacencia y exalta el ego. Las presiones para tener éxito y alcanzar comodidades materiales pueden abrumarnos y dejarnos poco tiempo y motivación para mirar hacia afuera y ayudar a otros.

Por ello es más difícil iluminarse en la sociedad de hoy en día de lo que lo fue en el pasado. De hecho, la mayoría de las personas que investigan y practican las enseñanzas de Buda hoy, no serán capaces de alcanzar la iluminación en el periodo de una sola vida.

E incluso aunque uno pueda alcanzar los estadios iniciales de la iluminación, todavía toma mucho más trabajo progresar a lo largo del camino del Bodhisattva y llegar, con el tiempo, a convertirse en un Buda, que es la intención final de todos los practicantes Mahayana.

La enormidad de esta empresa explica por qué la inmensa mayoría de nosotros no tendrá tiempo antes de morir. Seguiremos dando vueltas en la rueda de la reencarnación, y si no estamos preparados, podemos terminar cayendo en las esferas inferiores de renacimiento, que ciertamente deberíamos evitar.

Sin embargo, como hemos visto, si renacemos en la Tierra Pura Occidental de Dicha evitaremos los riesgos y peligros de la reencarnación, porque las condiciones en la Tierra Pura son tan favorables para el cultivo que tendremos asegurado alcanzar la iluminación en esa misma vida. Una vez que alcancemos la iluminación, no seremos nunca más sacudidos ciegamente por el ciclo implacable de nacimientos y muertes.

Como actualmente estamos en la Era del Final del Dharma, durante la cual las enseñanzas del budismo se están haciendo cada vez más infrecuentes, estamos bendecidos especialmente por haber encontrado el Mahayana y sus 84.000 Puertas del Dharma para la práctica. No debemos olvidar la bondad de los patriarcas, que han hecho posible para nosotros recibir hoy estas enseñanzas. Los patriarcas son el linaje de maestros iluminados, que se remontan al tiempo del mismo Buda, a los que se ha encomendado la responsabilidad de pasar el Dharma Correcto a las generaciones subsiguientes.

Hay que mostrar gratitud, en particular, con el Gran Maestro Xuan Hua, que fundó La Ciudad de los Diez Mil Budas y La Asociación Budista de la Esfera del Dharma. Él trajo el Mahayana de China a los Estados Unidos, y conferenció extensivamente sobre los Sutras Mahayana. Las traducciones inglesas de sus enseñanzas se encuentran entre los mejores y más precisos registros del Dharma Mahayana disponibles en inglés.

Como el Gran Maestro Xuan Hua es el último patriarca conocido, se anima a todo el que desee aprender el Dharma Correcto a acercarse a él y estudiar sus enseñanzas.

El Gran Maestro Xuan Hua trajo las cinco escuelas de budismo más importantes a los Estados Unidos:

1. La Escuela Vinaya: en ella se investigan los preceptos y las reglas de conducta para construir los cimientos necesarios para la liberación.

2. La Escuela de Enseñanzas: en ella se investigan y se desarrollan extensivamente los principios budistas para desplegar la sabiduría.

3. La Escuela Chan: se concentra en las prácticas de meditación para conseguir la iluminación.

4. La Escuela Secreta: mantiene tantras o mantras, que son oraciones o cantos con poderes especiales. Por ejemplo, el Mantra del Maestro de la Medicina puede estimular la curación y mejorar la salud.

5. La Escuela de la Tierra Pura: en ella se recita el nombre de Buda con la esperanza del renacimiento en las Tierras Puras.

Hay otra razón por la que el budismo de la Tierra Pura se considera la "mejor" Puerta del Dharma para nuestros tiempos: el método sencillo de recitar el nombre de Buda abarca no sólo la Escuela de la Tierra Pura, sino también las otras Cuatro Escuelas.

• Recitando el nombre de Buda uno puede dar fin al pensamiento-falso y cortar los apegos: esto es la Escuela Chan.

• El nombre del Buda Amitabha contiene significados y principios incontables: esto es la Escuela de Enseñanzas.

- Aquéllos que tienen cierta pericia pueden recitar el nombre de Buda hasta que alcanzan un estado donde se purifican los tres karmas de cuerpo, boca y mente: esto es la Escuela Vinaya.

- La frase "Amitabha" (o "Emituofo" en chino) puede funcionar como un mantra del que se sabe que espanta a los fantasmas, elimina la enemistad, erradica retribuciones kármicas, nos ayuda a conseguir lo que queremos y somete a los demonios: esto es la Escuela Secreta.

En el pasado, a uno de los patriarcas de la Tierra Pura, al Ven. Lian Chi ("Manteniendo el Loto"), le pidieron ayuda cuando la zona donde él cultivaba sufrió una sequía de un año. Él modestamente dijo que no podía hacer mucho más que recitar el nombre de Buda en nombre suyo. Fue tocando una campana mientras caminaba a lo largo de la zona afectada recitando el nombre de Buda. Llovió en todos los lugares por los que pasó.

Los practicantes de las Cinco Escuelas de budismo preguntan a menudo qué Puerta del Dharma deberían practicar. La respuesta es: el budismo de la Tierra Pura, porque se ha demostrado que muchos practicantes avanzados han alcanzado su Dharma con la recitación del nombre de Buda.

Todas las Puertas del Dharma, de cualquiera de las cinco escuelas de budismo, están diseñadas para desarrollar samadhi, o poder de concentración. El budismo de la Tierra Pura puede también desarrollar el poder de samadhi, igual que muchos otros métodos. Pero, habiendo muchos métodos para cultivar el samadhi, ¿por qué son los métodos de la Tierra Pura los "mejores"?

Es porque la Puerta del Dharma de la Tierra Pura puede acomodarse a un amplio abanico de practicantes: desde los que tienen raíces superiores a los que tienen raíces escasas. Aquí, "raíces superiores" se refiere a las pocas personas que están muy bendecidas y han estado practicando con mucha probabilidad el Mahayana ya durante muchas vidas, mientras que "raíces escasas" se refiere a los que lo han pasado mal para entender el Dharma, y tuvieron una exposición mínima al Dharma en vidas previas. En otras palabras, los métodos de la Tierra Pura son apropiados para las personas de todos los niveles y capacidades.

Los que tienen raíces superiores no están por encima de las técnicas de la Escuela de la Tierra Pura. De hecho, incluso Bodhisattvas del Décimo Nivel se especializan en recitar el nombre de Buda. Los que tienen raíces superiores ya entienden que recitar Amitabha es recitar los nombres de todos los Budas, y que renacer en la Tierra Pura Occidental de Dicha es renacer en todas las Tierras de Buda de las diez direcciones.

Los que tienen raíces escasas, por otro lado, pueden recitar simplemente el nombre de Buda para conseguir el renacimiento y escapar del sufrimiento.

Como la práctica de Chan es muy difícil de conseguir, es normalmente más adecuada para los que tienen raíces superiores. Pero cuando se practican junto con el Chan, las enseñanzas de la Tierra Pura pueden hacer el Chan accesible a una gama de personas más amplia.

Además, la escuela Chan cuenta con Puertas del Dharma que son muy poderosas para desarrollar samadhi; así, los practicantes de la Tierra Pura pueden usar herramientas Chan para desarrollar sus habilidades más rápidamente.

Y finalmente, lo más importante, cultivamos para ayudar a otros. Y el budismo de la Tierra Pura ofrece métodos efectivos para hacer justamente esto.

¿Cómo podemos usar los métodos de la Tierra Pura para ayudar a otros?

Primero, no permitiéndonos a nosotros mismos convertirnos en una carga para los demás: deberíamos esforzarnos en salvarnos primero a nosotros mismos para evitar contagiar nuestra confusión a los demás y ser una carga para la sociedad.

También podemos ayudar a salvar a otras personas utilizando las muchas herramientas que el budismo de la Tierra Pura ha desarrollado para ayudar a otros a obtener el renacimiento, de modo que también ellos puedan experimentar únicamente dicha y nunca más el sufrimiento.

Finalmente, cuando alcancemos la Tierra Pura, podemos cultivar hasta perfeccionar nuestra sabiduría. Entonces cada uno de nosotros será capaz de regresar a los mundos corruptos como un Buda y salvar a incontables seres vivos.

Este es el espíritu de gran compasión en el Mahayana. Nos salvamos a nosotros mismos para ser capaces de salvar a otros. Después aprendemos a salvar a otros para perfeccionar el salvarnos a nosotros mismos.

El estilo de practicar Chan y Tierra Pura en paralelo, que hemos estado tratando aquí, tiene su origen en las enseñanzas del Gran

Maestro Xuan Hua. Para aprender más sobre la práctica paralela del Chan y la Tierra Pura, véase la parte VI: "Práctica Paralela del Chan y La Tierra Pura: Una Guía para Hacerlo".

15. Sólo Dicha

En general, la felicidad mundana representa la satisfacción de los deseos de los cinco sentidos humanos. Por ejemplo, somos felices cuando disfrutamos de un almuerzo delicioso, somos alabados, escuchamos música bonita o nos sentimos amados. Puede que haya niveles más profundos de felicidad, pero esos también se consideran mundanos.

Los sabios budistas distinguen entre "felicidad" y "dicha". La felicidad que experimentamos normalmente por nuestros placeres sensoriales es bastante ordinaria. En contraste, la dicha representa un tipo de felicidad más refinado, tal como el que se experimenta en las esferas celestiales.

Por ejemplo, en los cielos de la Esfera del Deseo, los dioses y diosas experimentan dicha y no simplemente felicidad. Los seres celestiales también experimentan amor sensual, que es mucho más profundo y más maravilloso que el amor sensual en la esfera humana.

En algunos cielos los dioses llevan vestidos que son mucho más refinados que los mejores vestidos en la esfera humana. Estos vestidos están perfectamente ajustados a cada habitante de los cielos y nunca se ensucian por lo que no requieren lavado. Aparecen exactamente como uno los desea; tal es la naturaleza de las bendiciones celestiales. Lo mismo se aplica a otras cosas materiales relacionadas con el resto de los sentidos.

Hay dos tipos de dicha celestial:

1. La que proviene de bendiciones, como es el caso de los seres en los seis Cielos del Deseo.

2. La que proviene del poder de samadhi, que genera una dicha de un tipo muy refinado. Cuanto más alto el nivel de samadhi, mayor el nivel de dicha.

Como cualquier otra cosa, la dicha también tiene una duración limitada. Por ejemplo, en el cielo más elevado de la Triple Esfera, el Cielo de Ni Pensamiento Ni No-Pensamiento, la duración de la vida es de 80.000 kalpas. Éste es un periodo de tiempo increíblemente largo, pues un gran kalpa dura más de mil millones de años. Aunque los habitantes de este cielo experimentan una dicha tremenda por un tiempo tan largo, con el tiempo experimentarán sufrimiento, al final de la duración de su vida celestial, cuando caigan de vuelta a la rueda de la reencarnación.

Similarmente, los residentes de la Tierra Pura Occidental de Dicha también experimentan una dicha que es incomparablemente más refinada que lo que se experimenta en las Tierras Impuras, como nuestro mundo Saha. Esa Tierra Pura también se conoce como Tierra de Dicha Suprema, porque la dicha que experimentan sus habitantes no es superada en toda la Esfera del Dharma. Es mucho mejor que cualquier cosa que podamos concebir en nuestro mundo.

Además, los que habitan en la Tierra Pura están en compañía de los seres más iluminados. Es muy agradable estar rodeado por estos seres iluminados. Podemos beneficiarnos de la luz de su sabiduría. Tal es la naturaleza de la existencia de una persona en esa Tierra Pura hasta el final de su vida allí.

Sí, los habitantes de la Tierra Pura también tienen una vida de duración limitada. Sin embargo, la duración de sus vidas es muchísimo más larga, y sus condiciones tan propicias para el cultivo, que se convertirán en Buda en el periodo de una vida y nunca más tendrán que regresar a la rueda de la reencarnación.

Los que consiguen llegar a la Tierra Pura Occidental de Dicha pondrán final permanentemente a todo tipo de sufrimientos: no más adicción a la comida, a las drogas o al alcohol, no más problemas con los consuegros, no más jefes y no más luchas por la vida – ¡jamás!

Todo esto hace que el cultivo sea un esfuerzo que merece la pena en modo sumo. Pero la cuestión sigue siendo: ¿Cómo llegamos allí?

16. Sólo Diez Recitaciones

En el Sutra en que El Buda Habla de Amitabha, también conocido como El Sutra Corto sobre Amitabha, se dice que, si conseguimos recitar el nombre del Buda Amitabha 10 veces "con una mente sin confusión", entonces, al final de nuestras vidas, el Buda Amitabha mismo y la asamblea de sabios de la Tierra Pura Occidental de Dicha vendrán a saludarnos y nos llevarán de vuelta con ellos a la Tierra Pura.

Puede sonar fácil, pero es, de hecho, algo complicado. No sólo es esencial la ayuda del Buda para alcanzar la Tierra Pura Occidental de Dicha, sino que el Buda tiene que estar de acuerdo en ayudarnos a obtener el renacimiento en su tierra.

Entonces, ¿Qué tenemos que hacer exactamente?

Sólo necesitamos recitar su nombre 10 veces seguidas "con una mente sin confusión". El estado de tener "una mente sin confusión" también se conoce como Samadhi de Recitación de Buda.

Los detalles técnicos de este samadhi están fuera del alcance de este libro. Pero hablando de manera general, debemos ser capaces de recitar 10 veces seguidas, sin que aparezca un sólo pensamiento entre medio.

Estudiantes que han alcanzado niveles de samadhi respetables (cuarto Dhyana o superiores) pueden creer que son capaces de recitar el nombre de Buda sin pensamientos intermedios; pero en realidad, a su nivel, sus mentes todavía son toscas y llenas de pensamiento-falso.

En el estado de recitar el nombre de Buda "con una mente sin confusión", uno mantiene el nombre de Buda en la mente sin olvidarlo, hasta el punto en que no surge ningún otro pensamiento. El nombre de Buda aparece de modo seguido pensamiento tras pensamiento, sin interrupción por ningún otro pensamiento. ¡Esto es verdadera disciplina!

Entrar en este nivel de samadhi es tan difícil que muchos practicantes avanzados, que han dedicado sus vidas enteras a recitar el nombre de Buda cada día durante décadas, sólo han conseguido entrar en este samadhi unas pocas veces en su vida.

Claramente, no es fácil entrar en el Samadhi de Recitación de Buda, pero no es imposible. ¿Por qué no? Por una razón, hay muchos más niveles de samadhi en el budismo que son muy superiores.

Los que crean que pueden entrar en este nivel de samadhi deberían confirmarlo con un maestro sabio. Él o ella serán capaces de confirmarle si han alcanzado realmente este nivel, porque hay algo maravilloso que sucede cuando uno entra en este samadhi. Este es un secreto budista que no puede divulgarse descuidadamente.

La mayoría de los practicantes de la Tierra Pura no se dan cuenta de que es muy difícil entrar en el Samadhi de Recitación de Buda sin un maestro sabio. Parecen creer que pueden obtener el renacimiento simplemente recitando el nombre de Buda. Nada podría estar más lejos de la verdad. Sólo los que alcanzan el Samadhi de Recitación de Buda pueden tener esta clase de seguridad, porque Amitabha sabrá de sus intenciones y les ayudará en el momento de su muerte.

Pero ¿Cómo sabe el Buda Amitabha de nuestras intenciones? ¿Qué es lo que nos hará destacar de los incontables seres que aspiran a renacer en su tierra?

Como ya hemos mencionado, el Buda Amitabha no sabe de nosotros hasta que su nombre es recitado 10 veces "con una mente sin confusión". Si podemos conseguir hacer esto, entonces, es equivalente a enviarle un telegrama a Amitabha, contándole nuestro sincero deseo de ir a su tierra. Entonces podemos entrar en la lista de los que son transportados a la Tierra Pura tras su muerte.

Todo lo que tenemos que hacer para asegurar nuestro renacimiento es entrar en este samadhi de recitación, y sólo tenemos que hacerlo una vez para ser incluidos en la lista de pasajeros.

Hay algunos que piensan que deben hacer esta recitación a la hora de la muerte; esto no es así.

Más aún, hay algunos que piensan que pueden llevar una vida mundana y esperar hasta el tiempo de la muerte para empezar a recitar el nombre de Buda. Esto es lo mismo que pensar que puedes conseguir fácilmente un hoyo en uno la primera vez que juegas al golf.

Por esta razón organizamos normalmente sesiones de entrenamiento para enseñar las técnicas de recitación de Buda. Nuestros seguidores vienen regularmente al templo los fines de semana para practicar. Incluso participan en sesiones de recitación de una semana de duración llamadas "Fo Qi", que en chino significa "Buda Siete", para dar a entender que recitamos el nombre de Buda durante siete días.

Nuestro acceso a la Tierra Pura Occidental de Dicha debe ser ganado.

Es trabajo duro; pero los resultados son profundos.

17. Demasiado Bueno Para Ser Verdad

La Puerta del Dharma de la Tierra Pura es un método maravilloso y altamente efectivo. Sin embargo, hay que andarse con cuidado ante aquéllos que hacen proclamas exageradas y falsas.

Por ejemplo, una de mis discípulas me dijo que una pariente le pidió que viese un DVD de otro monje sobre el budismo de la Tierra Pura. Ese monje garantizaba que cualquiera que viese su DVD renacería en la Tierra Pura Occidental de Dicha tras su muerte.

Si fuese tan fácil conseguir el renacimiento en la Tierra Pura, ¿para qué molestarse en recitar el nombre de Buda? El mismo Buda Amitabha dijo que debíamos ser capaces de recitar su nombre con una mente sin confusión antes de que venga a llevarnos con él a su Tierra de Buda en la hora de nuestra muerte. Y, como ya se ha dicho previamente, el estado de recitar con "una mente sin confusión" es increíblemente difícil de alcanzar.

La práctica Mahayana tradicional se basa en que debemos ganarnos cada cosa buena que nos sucede. La ley básica del karma dice que las recompensas y bendiciones deben ser ganadas; también tenemos que ganarnos nuestro puesto en el budismo.

Por ejemplo, cuando el Buda habla el Dharma ante la Gran Asamblea, los Bodhisattvas y Arhats generalmente tienen asiento, mientras que el resto de protectores del Dharma tienen que estar de pie. Esto refleja un estatus dentro de la comunidad que ha sido ganado mediante contribuciones anteriores.

Definitivamente, no podemos convertirnos en Budas y Bodhisattvas a menos que trabajemos para ello. Ningún maestro sabio animaría a sus seguidores con atajos prometedores, dando garantías o tolerando la pereza. El budismo es una meritocracia equitativa.

Los maestros sabios a menudo son denominados en el budismo como Buenos Consejeros Conocedores. Ellos invariablemente animan a sus pupilos a trabajar duro. Las más de las veces dicen cosas que son difíciles de escuchar. ¿Por qué? Sus enseñanzas están diseñadas para minimizar el enorme ego y no para agrandarlo. Por eso sus enseñanzas son amenazadoras para el ego y pueden ser difíciles de aceptar.

Esta es la parte que nos es difícil de aceptar a la gente confusa. El trabajo del maestro es apuntar a nuestros defectos. Si somos sinceros, entonces pueden enseñarnos cómo corregirlos.

¿Qué sacrificios ha hecho usted para probar su sinceridad? Si no ha hecho nada por el Mahayana, entonces no espere que el Buda le ayude.

Los Buenos Consejeros Conocedores enseñan a sus estudiantes a guardarse contra sus propias mentes codiciosas, y a no creer en garantías y promesas falsas. Si obtener el renacimiento en la Tierra Pura fuese tan fácil, entonces los Bodhisattvas no serían necesarios.

Para los que trabajan duro y aplican los métodos correctos, el renacimiento en la Tierra Pura no es demasiado bueno para ser verdad. Si uno puede lograr la Puerta del Dharma de la Tierra Pura, entonces el sufrimiento que experimenta en esta vida es el último sufrimiento al que tendrá que verse sometido.

Los que consiguen ir a la Tierra Pura en la hora de su muerte, nunca más tendrán que preocuparse por encontrar un trabajo, tener suficiente para comer, enfermar o morir. Ni tampoco tendrán que preocuparse sobre volver a caer en los infiernos o pasar a ser un fantasma o un animal.

El cultivo del Dharma de la Tierra Pura puede ser trabajo duro, pero los beneficios merecen la pena.

18. Escape Horizontal

Es muy difícil alcanzar la iluminación. Los sutras nos dicen que, en la Era del Final del Dharma en la que estamos, por cada millón de personas que practiquen el Chan, sólo una tendrá éxito en despertar.

Sin embargo, uno no debería desesperarse con estas cifras. En su lugar, deberíamos considerarnos bendecidos de haber encontrado la Puerta del Dharma de la Tierra Pura, de la que los antiguos decían, "Por cada diez mil que reciten el nombre de Buda, diez mil renacerán en la Tierra Pura."

Sí, esta Puerta del Dharma es así de poderosa, aunque esta afirmación debería ser matizada: lo que realmente está diciendo es que quien recite el nombre de Buda llegará a la Tierra Pura *con el tiempo*, aunque podría llevar muchas, muchas vidas más. Sin embargo, para los que quieren llegar a la Tierra Pura *justo en la próxima* vida, las probabilidades suponen, de nuevo, un reto. Pero, aun así, son mucho más favorables que si se practica el Chan sólo.

Para comparar las aproximaciones del Chan y la Tierra Pura consideremos la siguiente analogía: imagine un alto tallo de bambú con un gusano atrapado en su interior. El gusano está en el fondo, en la parte más baja del bambú, y desea llegar a la parte más alta, que simboliza alcanzar Bodhi, o el despertar. Tener éxito con la práctica del Chan puede compararse al gusano trepando verticalmente hasta la parte más alta del bambú, reptando a lo largo del interior del tallo de bambú, y abriendo su camino comiéndose, una tras otra en sucesión, cada una de las paredes que dividen los muchos segmentos del tallo. Cada segmento que el gusano debe atravesar comiendo es análogo a los niveles de dificultad que los practicantes del Chan enfrentan, por un lado, para aumentar su poder de samadhi, y por otro, usando su poder de samadhi, para pasar a través de todo el karma negativo que han ido acumulando desde el principio del tiempo.

Ciertamente, los practicantes del Chan tienen que pasar muchas barreras. Al igual que el gusano que desea trepar a través del interior del bambú se enfrenta a un tremendo reto, así también el practicante de Chan debe hacer acopio de una determinación extrema para batallar sin ayuda con 10.000 demonios e incluso dejar su vida en el proceso, si es necesario.

La práctica de la Tierra Pura, sin embargo, es análoga al gusano abriendo su camino comiéndose horizontalmente el pedazo de bambú desde el interior del tallo y una vez que llega al exterior, reptar sin impedimento por el costado del bambú hasta que llega a la parte más alta. Claramente, el gusano que trepa por el exterior lo tendrá mucho más fácil que el que lo hace por el interior, que debe atravesar comiendo segmento tras segmento.

De forma similar, el Practicante de la Tierra Pura que recurre al poder del voto de Amitabha, puede saltarse todas las muchas obstrucciones kármicas que el practicante de Chan debe encarar de frente.

Recurriendo a los votos de Amitabha para ayudar a todos los seres que tienen fe en él y recitan su nombre, uno puede escapar horizontalmente de las tres esferas de renacimiento.

La analogía del bambú demuestra el poder de la Puerta del Dharma de la Tierra Pura, que no sólo ofrece un camino más rápido, más seguro y más fácil para alcanzar la Budeidad, sino que también elimina la incertidumbre de los renacimientos.

19. Equipaje para la Tierra Pura

En este punto, el lector perspicaz podría preguntar: "Si podemos escapar horizontalmente a nuestras retribuciones kármicas y renacer en la Tierra Pura, donde sólo experimentaremos dicha, ¿quiere esto decir que podemos escapar de la ley de causa y efecto?" En otras palabras, si alcanzamos la Tierra Pura, no tendremos que sufrir de nuevo. ¿Qué ocurre entonces con todas las retribuciones que se supone que íbamos a experimentar como resultado de nuestro karma pasado?

El Dharma de la Tierra Pura no está fuera de la ley de causa y efecto. Cuando renacemos en la Tierra Pura, nuestro karma pasado no es erradicado, sino que en realidad lo llevamos con nosotros. Es lo que se llama "llevarse el karma con el renacimiento", y también como "llevar su equipaje a la Tierra Pura", donde el equipaje es una analogía por las retribuciones.

Todos nosotros tenemos retribuciones sin resolver, sean buenas o malas, que hemos generado desde un tiempo sin principio. Generalmente, nuestro karma negativo actúa como una carga que causa sufrimiento y obstrucciones en vidas futuras. Sin embargo, podemos romper ese ciclo en la Tierra Pura, donde nuestras retribuciones quedan inactivas y son "suspendidas" hasta que puedan resolverse después.

Es como viajar a un país extranjero y saltarse la ciudad donde están todos sus acreedores.

Una vez que empiece su cultivo en la Tierra Pura, su karma negativo será incapaz de manifestarse, y tendrá la oportunidad de trabajar sobre todas sus ofensas pasadas, sin experimentar la clase de sufrimiento que vivimos en nuestro mundo.

¿Cómo es eso posible? Todo es gracias al Buda Amitabha y el ambiente de dicha que él creó en la Tierra Pura.

Imagine esto: en la Tierra Pura no tendrá que experimentar las consecuencias del karma malo que usted cometió en todas sus vidas previas. En muchos casos será capaz de resolver gradualmente sus obstrucciones kármicas, sin tener ni siquiera que separarse de la dicha que está disponible en la Tierra Pura.

En otros casos usted podrá usar, con el tiempo, esas deudas kármicas como un modo de ayudar a otros. Por ejemplo, digamos que usted debía a su hermana $2.000, pero usted murió antes de tener la oportunidad de devolvérselos. Si usted renace en la Tierra Pura, usted puede llevar su deuda consigo. Quizás, una vez que tenga la habilidad suficiente, puede pedirle a Amitabha permiso para regresar a la tierra Saha para devolver su préstamo, con interés. Después de haber entrenado en la Tierra Pura con el Buda Amitabha mismo, imagine la clase de bien que será capaz de hacer por ella.

Algunas personas, cuando escuchan que es posible llevar nuestro karma con nosotros a la Tierra Pura, preguntan a menudo: "En ese caso, ¿pueden obtener el renacimiento las malas personas?" La respuesta es: "Sí, pueden; y muchos lo han hecho."

Incluso si hemos cometido muchas equivocaciones y tenemos un karma pesado, mientras satisfagamos los tres requisitos de Fe, Votos y Práctica, entonces podemos ir todos a la Tierra Pura. Estos tres requisitos se tratarán en los capítulos 23-25.

Algunos ponen serias objeciones a que se permita a las malas personas ir a la Tierra Pura, y encuentran esto injusto.

Superficialmente, esta objeción es comprensible, pero si lo mira con más detenimiento, quizás podamos ver por qué Amitabha, a veces, da la bienvenida a su Tierra Pura incluso a gente mala.

Imagine que uno de sus familiares está en el corredor de la muerte y a punto de ser ejecutado. Aunque él sea culpable y un mal hombre, ¿no le desearía usted que alcanzase la Tierra Pura y dejase atrás todo el sufrimiento que tuvo que soportar en este corrupto mundo Saha nuestro? ¿No ha sufrido suficiente y pagado sus deudas a la sociedad con su encarcelación y ejecución?

Más aún, ¿Qué ocurre si en realidad es inocente, como él siempre mantenía, y como usted creía? ¿No sería justo para él empezar a disfrutar la dicha, no sufrir nunca de nuevo, y encontrar siempre significado a su vida?

¿Y qué pasa con los que son realmente malos, y salen adelante con sus acciones destructivas? ¿También merecen un sitio en la Tierra Pura?

Pero ¿quiénes somos nosotros para juzgar a otros? "Malo" es un término relativo. Usted puede considerar malo a un hombre, pero ¿no cree que su madre todavía puede ver alguna bondad en él?

Pienso que así es como Amitabha siente al respecto.

Al contrario que nosotros, él no discrimina. Él ni ve el mal en la gente, ni tampoco la bondad: él sólo ve un futuro Buda en todos nosotros. Sólo quiere ayudarnos a desarrollar nuestro verdadero potencial.

Además, una vez que la gente mala llegue a la Tierra Pura, ellos cambiarán y se volverán buenos. Y las buenas personas se volverán aún mejor, una vez que consigan ver al Buda Amitabha.

En vez de preocuparnos por otros y cuestionar la sabiduría de Amitabha al aceptar a gente mala en la Tierra Pura, ¿no deberíamos estar más ocupados con nuestro propio renacimiento? De hecho, ¿no deberíamos estar contentos de que Amitabha no exija que seamos perfectos antes de dejarnos entrar en su Tierra Pura?

Cuando una de mis discípulas preguntó "Si yo soy mala ¿Puedo ir aun así a la Tierra Pura?" Le respondí: "Si quieres decir que has quebrantado los preceptos, entonces sí, aun así, puedes tener una oportunidad de ir a la Tierra Pura a la hora de tu muerte. Incluso aunque quebrantes los preceptos repetidas veces, aun así, puedes ir a la Tierra Pura, supuesto que tengas suficientes bendiciones de renacimiento. Pero deberías recordar que ser mala reduce tus opciones de renacer allí. Cuanto más a menudo quebrantes los preceptos, más difícil será para ti conseguir el renacimiento en la Tierra Pura Occidental de Dicha."

Mi discípula preguntó entonces cómo crear bendiciones de renacimiento.

Le expliqué que, si aspira al renacimiento en la Tierra Pura, eso requiere acción, no simplemente pensar con ilusión. Ella necesita hacer algo al respecto. Le aconsejé que recitase el nombre de Buda con más fervor y que invirtiese en su propio renacimiento yendo a un buen templo y pidiendo ayuda para generar aún más bendiciones de renacimiento.

Como conclusión, La Puerta del Dharma de la Tierra Pura es maravillosa, pues nos permite llevar nuestro equipaje, nuestras retribuciones por nuestras ofensas pasadas, a la Tierra Pura. Allí aprenderemos modos mucho más efectivos de resolverlas y saldar nuestras deudas kármicas. Así de compasivo es Amitabha y así perdona: él no nos juzga y nos dará una oportunidad, si somos inteligentes como para acumular suficientes bendiciones para obtener el renacimiento en su tierra.

De paso, aunque aún no estemos en la Tierra Pura, no nos hace daño emular a Amitabha y aprender a discriminar menos y perdonar más. Tal es el espíritu de gran compasión que se encuentra en la Puerta del Dharma de la Tierra Pura.

20. Póliza de Seguros

La gente sabia contrata seguros para protegerse contra catástrofes. Las pólizas de seguros están diseñadas para dar protección contra pérdidas cuantiosas que tienen poca probabilidad de suceder.

En el budismo, los momentos del nacimiento y la muerte son fases peligrosas de nuestra existencia. En particular, la muerte puede ser catastrófica si caemos en alguna de las tres esferas inferiores de los infiernos, los fantasmas hambrientos o los animales. Sin duda, los infiernos son el peor lugar en el que podríamos caer. Y los que se convierten en fantasmas hambrientos o animales, serán tremendamente infelices. Más importante, caer en uno de estos tres destinos sería una interrupción catastrófica en nuestro viaje espiritual.

Si reconocemos que el peligro de caer en estas esferas inferiores es muy real, entonces es fácil ver el valor de la Puerta del Dharma de la Tierra Pura. De hecho, si entendemos esta Puerta del Dharma y practicamos correctamente, puede ser como una póliza de seguros que nos proteja contra los peores casos posibles.

Como las probabilidades de escapar de los infiernos transcurrido poco tiempo son prácticamente nulas, y el sufrimiento que soportaremos allí es espantoso, debería de ser obvio y evidente que hay que evitar los infiernos a toda costa.

Aunque no es tan malo como estar en los infiernos, la existencia como fantasma hambriento es inimaginablemente dura. La duración de la vida de los fantasmas es muy larga, y son generalmente tan miserables que desean morir, pero no pueden.

Incluso cuando los fantasmas mueren, suelen renacer de nuevo como fantasmas, durante muchas vidas consecutivas antes de saldar sus deudas kármicas y ascender a esferas superiores de renacimiento.

Tras haber soportado una cantidad suficiente de sufrimiento, puede que renazcan como animales. Aunque es mejor que convertirse en un fantasma o ir a los infiernos, convertirse en un animal es también un destino indeseable.

Por tanto, al igual que la gente inteligente compra pólizas de seguros, los cultivadores astutos compran seguros budistas.

Idealmente, los cultivadores deberían adquirir seguros para esta vida, así como para vidas futuras, cuando se enfrentan al riesgo de caer en la rueda de la reencarnación.

¿Cómo podemos hacerlo?

Recitar el nombre de Buda es el mejor seguro contra catástrofes potenciales. El poder de samadhi que desarrollamos recitando el nombre de Buda se conoce como auto-ayuda.

Además, cuando recitamos su nombre, podemos recibir también ayuda de otros: recibimos los inconcebibles beneficios que provienen del nombre mismo del Buda Amitabha, debido a sus 48 grandes votos. Cada recitación del nombre de Buda puede erradicar incontables ofensas pasadas que podrían, de otro modo, hacernos caer en los tres senderos malignos tras la muerte. Es, por tanto, una buena póliza de seguros contra caer allí tras esta vida.

Más aún, si podemos recitar el nombre de Buda hasta entrar en el Samadhi de Recitación de Buda, tendremos asegurado el renacimiento en la Tierra Pura. Aunque esto no es en absoluto fácil de hacer, es la protección definitiva para vidas futuras, pues nos permitirá desconectarnos de la rueda de la reencarnación.

21. Irreversibilidad

La Puerta del Dharma de la Tierra Pura es una clase suprema de seguro. ¿Por qué? Porque todos los que llegan a la Tierra Pura alcanzan inmediatamente la irreversibilidad.

La irreversibilidad se conoce también como no-retroceso o no-retirada. El principio de no-retroceso es crucial para conseguir sus metas. Si todos sus esfuerzos se dirigen hacia su meta, si no da marcha atrás, entonces todo lo que tiene que hacer es perseverar, y, con el tiempo, tendrá éxito.

Los que consiguen llegar a la Tierra Pura nunca jamás tendrán que preocuparse por caer de nuevo en los tres senderos malignos, porque todo el mundo en la Tierra Pura es un avaivartika; que es una palabra sánscrita para el nivel en el que uno ya no retrocede.

Normalmente, el proceso de cultivo está lleno de muchas subidas y bajadas. Los estudiantes nuevos se entusiasman al principio con el progreso rápido que realizan. Sin embargo, casi todos ellos, con el tiempo, experimentan retrocesos.

Por ejemplo, una discípula mía era capaz de sentarse en loto completo durante tres horas al día durante años. Después de alcanzar esta respetable marca a sus 70 años, empezó a quejarse de que apenas podía sentarse durante media hora. Esto es retroceso. No es infrecuente para los cultivadores dar un paso adelante e inmediatamente dos pasos atrás. Esa es la naturaleza del cultivo en las Tierras Impuras.

Adicionalmente al riesgo de retroceso durante nuestro cultivo, debemos considerar también el riesgo de retroceso asociado con el proceso de nacimiento y muerte. Incluso cultivadores avanzados, como Arhats o Bodhisattvas experimentan retroceso cuando pasan por el nacimiento y la muerte.

Los Arhats tienen la "confusión de morar en el vientre", mientras que los Bodhisattvas tienen la confusión de la "separación del yin"[5]. A menos que puedan encontrarse con un Buen Consejero Conocedor, entonces, vida tras vida, ellos retroceden, y encuentran muy difícil hacer que surja la mente de Bodhi.

Para terminar, a la hora de la muerte, es muy fácil retroceder. Siendo esto verdad para los sabios, podemos imaginar cuánto mayor es el riesgo a la hora de la muerte para una persona común. Si caemos en una de las tres esferas inferiores, probablemente quedemos allí atascados e incapaces de cultivar por muchas vidas.

Afortunadamente, la Puerta del Dharma de la Tierra Pura está especialmente diseñada para ayudarnos a evitar el retroceso a la hora de la muerte, y asegurarnos de que no caigamos en las tres esferas inferiores.

Los que llegan a la Tierra Pura tienen garantizado que continuarán progresando en su cultivo, hasta que, con el tiempo, alcancen la Budeidad. Su cultivo espiritual se mueve constantemente hacia adelante, no perdiendo nunca la base, no retrocediendo nunca.

Hay cuatro tipos de no-retroceso:

1. En la posición, o en el logro: uno no retrocederá a la posición inferior de la gente común. Esto viene de ser

capaces de traer consigo el karma con el renacimiento en la Tierra Pura, en la parte donde cohabitan sabios y gente común.

2. En conducta: uno no retrocederá en el Dharma practicado. Uno renace en la Tierra Pura en la parte donde residen los Arhats y Pratyekabuddhas, y nunca más retrocederá al estado de confusión de la gente común. Recuerde que los Arhats y Pratyekabuddhas son sabios en el nivel Hinayana.

3. En pensamientos: no hay retroceso en pensamientos adecuados. Uno renace en la sección de la Tierra Pura en la parte donde residen los Bodhisattvas, y nunca retrocederá a los estados de Arhats y Pratyekabuddhas, conocidos también como los dos Vehículos.

4. No retroceso definitivo: escuchar el nombre de Buda una sola vez, sea con concentración o con una mente dispersa, con fe o sin ella, con comprensión o sin ella, crea las semillas para la liberación futura porque quedará siempre almacenado en nuestra consciencia Alaya –la parte de nuestra mente que lleva todo nuestro karma pasado y que renace en un nuevo cuerpo cuando morimos. Cuando se termina con toda la ignorancia, uno puede verse certificado al estado de no-retroceso definitivo y renacerá en la sección de la Tierra Pura reservada para los Budas.

Alcanzar el no-retroceso es una de las mayores ventajas de llegar a la Tierra Pura Occidental de Dicha, pues nunca más retrocederemos en nuestro camino a la Budeidad.

22. Invierta en su futuro

Los padres invierten en la educación de sus hijos para ofrecerles una buena vida. Las buenas compañías hacen inversiones en capital y en personal para incrementar la riqueza de sus accionistas. La gente sabia invierte en su plan de pensiones por su seguridad y la de sus seres queridos.

La idea de fondo es fijar metas concretas y acordar plazos específicos. Es importante invertir a corto plazo como también a largo plazo.

Esto es importante también en la práctica del budismo. Fijar objetivos a corto plazo se refiere a la vida actual; fijar objetivos a largo plazo se refiere a las vidas futuras.

Para nuestros propósitos, nos concentraremos en las metas espirituales, y dejaremos otras metas, no espirituales, a los expertos en sus campos respectivos.

Para la vida actual, deberíamos esforzarnos en ser lo más felices posible. La felicidad es un estado mental. Como la mayoría de nosotros vivimos en una comunidad, nuestra felicidad depende en parte de la felicidad de los otros. Por ejemplo, es difícil disfrutar nuestra propia felicidad cuando los otros a nuestro alrededor están sufriendo.

Por eso, podemos ser más felices si podemos aprender a hacer felices a los otros a nuestro alrededor. Esto requiere sabiduría. La sabiduría es fundamentalmente bondad hasta el núcleo de nuestro ser.

Para hacer que nuestra corta estancia en esta tierra tenga más significado, deberíamos invertir nuestro tiempo y esfuerzo en aprender cómo tratar a nuestros seres queridos y familia con más amabilidad y compasión, y después extender esta compasión a nuestra comunidad más amplia, nuestro país y el mundo entero.

Si aprendemos a invertir en mejorar nuestra familia, nuestra comunidad y nuestro país de modo que los que están alrededor nuestro sean mejores y más felices, entonces, nosotros también, de modo natural, seremos más felices. Las personas generosas experimentan una felicidad más genuina y tienen un futuro más prometedor que los que son egoístas.

Los que intentan encontrar la felicidad complaciéndose demasiado y adquiriendo riqueza material, malgastan sus bendiciones. Una vez que su cuenta bancaria kármica se haya agotado, serán propensos a caer en las esferas inferiores cuando mueran. Además, la felicidad que proviene de acumular riqueza y poder es, al final, insatisfactoria. Y los que se autocomplacen, a menudo lo hacen a expensas de dañar a otros, lo que sólo aumenta sus probabilidades de caer.

Pero los que son sabios planifican para su felicidad en sus vidas futuras, así como en esta vida. Saben que la felicidad que proviene de ayudar a otros es mucho más genuina, y también genera buen karma que les ayudará a ascender tras la muerte.

Desafortunadamente, la mayoría de las personas del mundo son cortos de vista y tienden a descuidar el planificar para otras vidas.

La gente sabia invierte en crear bendiciones que les ayudarán a escapar de la Rueda de Nacimientos y Muertes tan pronto como sea posible. Crean el tipo de bendiciones que les ayudarán a alcanzar la Tierra Pura y progresar con su cultivo del Dharma, más que el tipo de bendiciones que sólo les ayudarán a alcanzar los cielos.

Los tipos de bendiciones que son las más apropiadas para este propósito son las conocidas como "bendiciones sin emanaciones" y se tratarán en el capítulo 35, "La Moneda de las Bendiciones".

Tengo una discípula muy inteligente. Ella entiende con consistencia la mayoría de las cosas que le explico. Así que un día le pregunté sobre cómo invertir. Ella respondió, la gente inteligente debería invertir un 75% en su vida presente y un 25% en sus vidas futuras.

¿Está de acuerdo con eso?

Las personas sabias invierten más en obtener la liberación que en quedarse apegados a esta vida, que está llena de sufrimiento y no es sino temporal.

Además, los que consiguen renacer en la Tierra Pura sólo experimentan dicha. Eso es mucho más valioso que la felicidad y gratificación inmediatas que experimentamos en esta vida.

Esa es la razón por la que no deberíamos esperar para hacer fuertes inversiones en el renacimiento en la Tierra Pura Occidental de Dicha.

Ya que, si no ahora ¿cuándo entonces?

23. Fe: El Primer Requisito de la Tierra Pura

La práctica de la Tierra Pura se basa en tres factores clave, conocidos como los tres requisitos: Fe, Votos y Práctica.

La fe es el principal de los tres requisitos. Sin fe, uno no puede entrar por la Puerta del Dharma de la Tierra Pura y hacer el voto de renacer en la Tierra Occidental de Amitabha. Igualmente, sin fe, uno no estará motivado para practicar esta Puerta del Dharma.

El budismo enseña que la fe –la creencia en algo que usted no puede ver o probar– es la madre de todo el mérito y toda la virtud. Por eso se dice que la fe tiene que venir primero. Es el principio del cultivo.

El mérito se refiere a lo que puede verse, como estar en servicio directo de ayuda a los demás, por ejemplo, hacer voluntariado en un comedor benéfico u otro trabajo caritativo. Virtud se refiere a la bondad interna que no es visible o hecha pública, tal como hacer sacrificios personales para ayudar a otros. Cultivar mérito y virtud aumentará sus bendiciones.

Hay varios aspectos de la Fe. Primero deberíamos tener fe en nosotros mismos. Nosotros merecemos renacer en la Tierra Pura. Aunque no estemos iluminados todavía, podemos llevar nuestro karma con nosotros a la Tierra Pura Occidental de Dicha. Una vez que lleguemos allí, nuestro karma pasado no puede causarnos más problemas y podemos cultivar de modo seguro; esto es distinto a nuestro mundo Saha, donde estamos constantemente enfrentados con toda clase de obstrucciones y distracciones.

En este mundo, los que resuelven cultivar encuentran por lo común numerosos obstáculos; por ejemplo, podríamos recibir un ascenso en el trabajo que nos requiera trabajar más horas, dejándonos menos tiempo para cultivar en el templo los fines de semana.

A un nivel más profundo, debemos creer que estamos dotados con la Mente Verdadera, que no es la mente con la que hacemos nuestro proceso mental, reconociendo las cosas y formando percepciones. Nuestra Mente Verdadera transciende espacio y tiempo, y está más allá del alcance de nuestro intelecto. Hasta que podamos verla por nosotros mismos, debemos tener fe en ella.

Recuerde simplemente que todos los mundos son sencillamente manifestaciones de esta Mente Verdadera, incluyendo la Tierra Pura Occidental de Dicha. La Tierra de Dicha Suprema fue purificada por la mente del Bhikshu Tesoro del Dharma mientras estaba en los terrenos causales cultivando el camino del Bodhisattva. Más tarde el Bhikshu Tesoro del Dharma se convirtió en el Buda Amitabha, el líder de la Tierra Pura Occidental de Dicha.

Después, deberíamos tener fe en los otros, que es lo opuesto a tener fe únicamente en nosotros mismos. La Mente Verdadera está presente en todos. Sin embargo, nosotros aún estamos confusos – esa es la razón por la que no podemos usar nuestra Mente Verdadera aún. Por eso, deberíamos tener fe en la Mente Verdadera del Buda. Los seres vivos y los Budas, todos comparten la misma naturaleza. Todos estamos hechos de la misma sustancia. Creer en el Buda es creer en uno mismo.

Deberíamos confiar en que el Buda Shakyamuni y todos los otros Budas están diciendo la verdad cuando elogian la Puerta del Dharma de la Tierra Pura. En realidad, están tratando de ayudarnos a obtener la liberación rápidamente.

Además, deberíamos creer en causa y efecto. Ya hemos debido plantar buenas raíces en el pasado para encontrarnos ahora con la Puerta del Dharma de la Tierra Pura. Deberíamos creer firmemente que recitar el nombre de Buda es la causa del renacimiento. Haríamos bien en creer que el renacimiento de la multitud de sabios en la Tierra Pura Occidental es impulsado por los tres votos, y que sólo tenemos que seguirlos para llegar al lugar seguro que es la Tierra Pura.

El renacimiento en la Tierra Pura es el efecto, o el resultado, de practicar la Puerta del Dharma de la Tierra Pura. Deberíamos creer profundamente en La Tierra Pura Occidental de Dicha. Podemos obtener ciertamente el renacimiento allí como resultado del Samadhi de Recitación de Buda. Tal y como proclamaban los patriarcas: si recitamos el nombre de Buda, obtendremos con seguridad el renacimiento en la Tierra Pura.

La Tierra Pura no es diferente de la mente pura. Como nuestra mente es impura debido a malas influencias externas, podemos simplemente ir a la Tierra Pura donde estaremos libres de esas condiciones externas que impiden nuestro progreso. Entonces pasaremos un tiempo mucho mejor purificando nuestras mentes.

Después, creer en el noúmeno, o principios. Deberíamos creer que, en principio, es más fácil obtener el renacimiento en la Tierra Pura mediante la confianza en el poder del voto del Buda Amitabha.

Deberíamos creer también en los fenómenos, o manifestaciones. La Tierra Pura Occidental de Dicha existe exactamente tal y como dicen los Budas y Bodhisattvas. El Buda Amitabha tiene grandes afinidades con los seres vivos en nuestro mundo Saha. Él creó su Puerta del Dharma de la Tierra Pura para hacernos más fácil el escapar de la rueda de la reencarnación.

El Buda Shakyamuni predijo que el budismo de la Tierra Pura sería la Puerta del Dharma de nuestra era y ayudaría a incontables seres vivos. Todos podemos creer en las palabras de Buda. Según El Sutra sobre Amitabha incontables Budas de las diez direcciones elogian al Buda Amitabha y nos animan a buscar el renacimiento en su país. Muchos grandes Bodhisattvas, entre ellos el más sabio de todos, Manjushri, el Bodhisattva de Gran Sabiduría, también abogan por el renacimiento en la Tierra Pura Occidental de Dicha.

Estaríamos bien aconsejados en seguir los pasos de estos grandes Bodhisattvas, y fijarnos el objetivo de alcanzar también la Tierra Pura.

24. Votos: El Segundo Requisito de la Tierra Pura

Una vez que tenemos fe, a continuación, deberíamos hacer votos. Hacer votos es el segundo requisito de la práctica de la Tierra Pura.

¿Por qué? Porque hacer votos nos liberará del sufrimiento del Mundo Saha y nos permitirá buscar la paz y la dicha de la Tierra Pura Occidental de Dicha. Los que creen que están bien y no necesitan la Tierra Pura deben darse cuenta de que esta corta vida no es sino un sueño fugaz. El mundo Saha en el que vivimos está creado por las corrupciones de nuestra mente: esa es la razón por la que hay tanta miseria y sufrimiento aquí. En contraste, las Tierras Puras están creadas y adornadas por la purificación de nuestra mente.

Todos los Bodhisattvas en el pasado, presente y futuro confían en los Cuatro Grandes Votos para conseguir la Budeidad. Estos cuatro votos son:

1. Voto salvar ilimitados seres vivos, de acuerdo con la Verdad del Sufrimiento.

2. Voto terminar las inagotables aflicciones, de acuerdo con la Verdad del Origen.

3. Voto estudiar las innumerables Puertas del Dharma, de acuerdo con la Verdad de El Camino.

4. Voto conseguir el supremo Camino del Buda, de acuerdo con la Verdad de la Extinción.

Hacer votos es importante porque nos ayuda a alinear nuestros recursos. Cuando hacemos votos sinceramente, se plantan las semillas y se guardan en nuestra consciencia Alaya, donde sirven como combustible para impulsarnos hacia el renacimiento en las Tierras Puras. En particular, nuestros votos crean palancas para que los Budas y Bodhisattvas vengan y nos empujen a las Tierras Puras.

El hecho de que todavía estemos aquí, en este Mundo Saha de sufrimiento, significa que hemos fallado en nuestro cultivo anterior y todavía estamos atrapados en la rueda de la reencarnación. Nuestros votos no fueron lo suficientemente grandes o sinceros. Los que deseen ahora hacer votos para el renacimiento en las Tierras Puras, deben considerar los siguientes aspectos:

Hacemos votos para salir de la rueda de la reencarnación permanentemente. A menos que salgamos de este ciclo sin final de renacimiento, continuaremos naciendo una y otra vez, con muy poco control sobre a dónde vamos cuando morimos y cambiamos de cuerpo. Si nuestras buenas semillas maduran, seguiremos los senderos buenos de las esferas humanas y celestiales. Sin embargo, si se activan nuestras malas semillas, acabaremos en los senderos malignos de los asuras, animales, fantasmas hambrientos y esferas infernales. Los que entienden el Dharma, trabajarán para escapar lo antes posible. No buscamos disfrutar de bendiciones mundanas en esta vida o en vidas futuras.

Como vimos en el capítulo 18, hacemos votos para escapar horizontalmente de la Triple Esfera: la Esfera del Deseo, la Esfera con Forma y la Esfera sin Forma. No buscamos disfrutar de la veneración celestial o terrenal y no buscamos retribuciones kármicas mundanas como riqueza o fama. (Éstas se conocen como bendiciones con emanaciones, y se tratarán en el capítulo 35.)

Vote salvar universalmente a todos los seres vivos. No programe beneficiarse sólo usted mismo, aspirando sólo a la dicha y al beneficio en esta misma vida.

Vote renacer en la Tierra Pura tan pronto como sea posible. No tenga codicia por los Cinco Deseos y las alegrías de este mundo turbio, porque sólo nos hacen estancarnos y fallar; están vacíos y carecen de permanencia.

Vote desarrollar su potencial. Originalmente estamos dotados con la Naturaleza Verdadera y eficaz. Nuestra confusión ha permitido que las aflicciones del mundo nos aten y obstruyan. Esta vez hemos obtenido un cuerpo humano, encontrado el Budadharma, y oído de la Puerta del Dharma del Buda Amitabha, deberíamos estar alegres y resolver acercarnos al Buda Amitabha, oír el Dharma e iluminarnos al Camino.

No debemos perder esta oportunidad. Como dice el dicho: "El Buda está dentro de la mente, y sin embargo la gente sigue buscando fuera. Están confusos sobre la verdad, persiguen lo falso y así pierden la oportunidad durante mil otoños." Si puede contemplarlo de este modo, entonces puede hacer un voto sincero en su propio nombre para buscar un lugar donde pueda vivir segura y pacíficamente.

Vote terminar el sufrimiento y obtener dicha. Sufrimiento y dicha son directamente opuestos. En el mundo Saha estamos oprimidos por una multitud de diferentes tipos de sufrimiento; en contraste sólo hay dicha en la tierra de Dicha Suprema. En nuestro mundo las bendiciones celestiales no son permanentes. La dicha en los Cielos del Deseo y los Cielos Dhyana del primero al tercero llegarán a un fin con el tiempo: ese es el sufrimiento de la decadencia. Cuando uno está en el samadhi del Cuarto Dhyana o en cualquiera de los cuatro niveles de samadhi subsiguientes, está libre del sufrimiento ordinario y de dicha pero aún se experimentan formas sutiles de sufrimiento, llamadas el skandha de actividad (para este concepto, por favor, consulte libros más avanzados sobre budismo).

Como resultado, cuando sus bendiciones celestiales se agoten, usted caerá. Como el Maestro del Dharma YongJia dice en su Canción de la Iluminación: "Practicar el dar y observar los preceptos produce bendiciones celestiales; es como disparar una flecha al cielo; cuando el impulso se agote, la flecha caerá, trayendo consecuencias indeseables en vidas futuras."

La siguiente historia ilustrará más este punto.

Hubo una vez un taoísta llamado Lu Chun Yang que rindió una visita al Maestro Chan Dragón Amarillo. Lu primero se escondió bajo la torre de la campana para escuchar la conferencia sobre sutras del maestro. El Maestro Dragón Amarillo lo supo y declaró que había un ladrón del Dharma en la asamblea. Lu oyó al Maestro, salió inmediatamente y dijo. "Yo ya tengo el dharma de la inmortalidad ¿Por qué necesitaría robar tu Dharma?" El Maestro Chan respondió "Tú eres un fantasma guardián de cadáveres." Lu no se impresionó y dijo "Un grano contiene el mundo entero, un bote de medio litro puede cocinar los tres mil mundos: ¿qué estado es ése?" El Maestro Chan respondió, "Aunque puedas vivir durante 80.000 kalpas, es como morir en el espacio vacío." Lu tuvo inmediatamente un despertar. Abandonó el taoísmo y se hizo budista. Los inmortales no llegaban a comprender que la vida larga o la vida en los cielos no están libres de sufrimiento. A través de la Puerta del Dharma de la Tierra Pura, sin embargo, podemos escapar y terminar la vida y la muerte.

Vote no regresar. Los residentes en la Tierra Pura Occidental de Dicha son todos avaivartikas: han conseguido el estado de "no-retroceso". En contraste, en este mundo Saha, los seres vivos cometen graves ofensas y encuentran por ello severas obstrucciones. Cultivar aquí es como remar un bote contra corriente: es difícil avanzar y fácil retroceder. Esto es debido a que la mayoría de las personas carecen de un voto sólido y fuerte que sostenga su fe y su práctica. Como hemos visto, de un millón de personas es difícil que, aunque sólo sea una, tenga éxito en su cultivo. Las personas, bien abandonan antes por falta de determinación, o bien con el tiempo lo dejan porque encuentran obstrucciones demoníacas o malas amistades.

Generalmente, su vida llega al final antes de haber conseguido algo de importancia. Una vez que nacen en un nuevo cuerpo, olvidan todo, y tienen que empezar de nuevo. No es fácil tener éxito en este mundo turbio, a menos que uno tenga raíces profundas y posea el conocimiento apropiado. Incluso en este caso, si las condiciones son desfavorables, el cultivo anterior puede perderse; si las condiciones son favorables, aun así puede que nos enfrentemos con obstrucciones porque tendemos a querer conseguir cosas materiales.

Incluso los Bodhisattvas de la Décima Fe[6], que ya han tomado la gran resolución de cultivar, algunas veces progresarán y otras retrocederán. Como una pluma flotando en el espacio, los Bodhisattvas que cultivan las Diez Fes deben pasar por 10.000 kalpas (hay aproximadamente 16 millones de años en un kalpa) para completar la mente de fe, que sus buenas raíces maduren y que puedan ver certificada la Primera Morada[7]. En este punto pueden estar seguros de que no retrocederán más.

Como dijimos en el capítulo 21 sobre la Irreversibilidad, el término técnico budista para este estado es no-retroceso en la posición. Si usted recita el nombre de Buda y consigue renacer en la Tierra Pura Occidental de Dicha, puede ver certificados inmediatamente los tres no-retrocesos en posición, práctica y mente.

Vote renacer por transformación en una flor de loto y ver personalmente al Buda Amitabha. Entonces esta vida no habrá sido en vano. El Sutra de la Flor del Dharma (también conocido como El Sutra del Loto), dice: "Que un Buda aparezca en el mundo es raro como la flor utpala". Hemos nacido en la Era del Final del Dharma, después de que el Buda entrase al Nirvana. Pero estamos lo suficientemente bendecidos como para haber obtenido este cuerpo humano y tener la oportunidad de practicar el Dharma de la Tierra Pura. Por ello, deberíamos aprovechar la oportunidad y tomar la resolución de Bodhi, hacer el voto de renacer en un estrado de loto dorado y ver personalmente al Buda Amitabha.

25. Práctica: El Tercer Requisito de la Tierra Pura

El tercer y último requisito de la Puerta del Dharma de la Tierra Pura es la práctica. Tenemos que emprender la acción para alcanzar nuestra meta.

Un poder de voto inadecuado no conducirá a la práctica. La práctica es como tirar al lodo la perla limpiadora, y limpiar el agua turbia mágicamente. Cuando el nombre de Buda entra en una mente confusa, la mente confusa se convierte en una mente de Buda. La práctica aumenta la sinceridad.

Sin embargo, los que practican la Puerta del Dharma de la recitación, pero no han purificado aún sus mentes encuentran muchas clases de obstrucciones tales como: fe inadecuada, votos insinceros, una mente afligida, apego a los asuntos mundanos, etc. Si usted desea superar sus obstrucciones, debe usar los métodos adecuados e, idealmente, tener la guía adecuada de un maestro sabio. Si usted puede encontrar estos últimos, es persistente y no abandona, con el tiempo, tendrá éxito en su práctica.

La forma de práctica más común es llamada normalmente como "recitar el nombre de Buda". Como se explicó en el capítulo "Sólo Diez Recitaciones", practicamos la recitación del nombre de Buda con el fin último de lograr el estado de "una mente sin confusión", también conocido como Samadhi de Recitación de Buda, de modo que podamos estar seguros del renacimiento al final de esta vida.

Sin embargo, la práctica de la Tierra Pura no se reduce al método de recitar el nombre de Buda, la Puerta del Dharma de la

133

Tierra Pura también incluye otras prácticas budistas importantes como los Seis Paramitas y las Diez Mil Prácticas. De hecho, todas las formas de cultivo Mahayana son también parte de la práctica de la Tierra Pura. Por ejemplo, todas las prácticas siguientes pueden ayudar a obtener el renacimiento en la Tierra Pura:

- Hacer ofrendas

Hacer ofrendas a la Triple Joya es un buen modo de aumentar sus bendiciones.

- Transferencia de Méritos

Después de hacer algo bueno, usted puede regalar el buen karma que ha generado, y dedicarlo a todos los seres, deseando que renazcan en la Tierra de Dicha Suprema de Amitabha.

- Dharmas de arrepentimiento

Si no nos arrepentimos, el mal karma de las ofensas que hemos creado desde un tiempo sin principio, con el tiempo, nos abrumará. El capítulo 40 del Sutra Avatamsaka describe los Dharmas de arrepentimiento en detalle.

- Postrarse

Es tanto un ejercicio físico como espiritual, postrarse es una forma de Dharma de arrepentimiento y puede ayudar también a reducir el ego.

- Observar los preceptos

Si usted sigue los preceptos y no daña a otros, recibirá protección y otros no le harán daño a usted.

- Recitar Sutras

El Sutra sobre Amitabha se recita comúnmente por los practicantes de la Tierra Pura, pero en realidad recitar cualquier Sutra Mahayana es también parte de la Puerta del Dharma de la Tierra Pura.

- Mantener Mantras

El Mantra de Renacimiento es usado comúnmente en la práctica de la Tierra Pura, pero, al igual que con los Sutras, todos los mantras Mahayana están incluidos en la Puerta del Dharma de la Tierra Pura.

Explicaremos cómo cultivar algunas de estas prácticas adicionales en la Parte VI. Sin embargo, la descripción de todas estas prácticas en detalle está fuera del alcance de este libro; sólo se mencionan para hacerle conocedor de los otros muchos dharmas incluidos en el Mahayana.

Por ahora, el punto importante a recordar es que no necesitamos limitarnos nosotros mismos a recitar el nombre de Buda, excluyendo todas las otras Puertas del Dharma.

Esto no es decir que uno debe practicar todas estas prácticas para renacer. Sin embargo, si uno desea llegar a la Tierra Pura, tener algún tipo de práctica es de importancia crítica.

Finalmente, vamos a tratar algunos de los estados más avanzados de recitación. Estos estados pueden resultar inaccesibles a la mayoría de los lectores; en ese caso, no piense demasiado sobre ellos. En su lugar, simplemente lea con una mente abierta y plantará semillas que germinarán en el futuro.

La recitación del nombre de Buda puede clasificarse en dos categorías: recitación de fenómeno y recitación de noúmeno. Fenómeno significa "manifestación" y se refiere al mundo cambiante de eventos que experimentamos un instante tras otro. Noúmeno, por el otro lado, significa "principios". En particular noúmeno se refiere a los principios verdaderos del Dharma que no cambian.

La recitación de fenómeno 事持 se refiere al acto de dar lugar a una fe profunda, sin escepticismo, tras escuchar el Dharma de la Tierra Pura. Uno, así, recita con la mente concentrada en un solo punto y claramente, en un pensamiento tras otro, ya sea sentado, de pie, acostado o caminando. No existe otro pensamiento sino el nombre de Buda. Si uno puede mantener el nombre de Buda de este modo, uno puede librarse de todas las aflicciones. Sin embargo, en la recitación de fenómeno, uno aún no ha penetrado en el noúmeno.

Al practicar la recitación de fenómeno, usamos la mente, el sujeto, para recitar el nombre de Buda, el objeto. Sujeto y objeto son claros y distintos. Cuando la mente y el Buda, sujeto y objeto, están en armonía, entonces la mente no está separada del Buda y el Buda no está separado de la mente. Uno es claramente consciente de la recitación sin interrupción. La mente concentrada disipa lo falso igual que un lago helado impide el flujo del agua. Entonces el Buda es como la luna de otoño brillando en el espacio –clara, brillante e inmóvil. Así, podemos entrar en samadhi. Este estado es descrito en el poema de Han Shan:

> *Mi mente es como la luna de otoño,*
> *O un estanque verde que es claro y puro.*

Nada puede compararse.
¡Cómo podría expresarlo!

Como en la recitación de fenómeno, en la recitación de noúmeno 理, 持 uno primero recita lo máximo posible hasta que entra en el vacío. Uno entonces es capaz de entender que fuera de la mente que recita no hay Buda. Y fuera del Buda, no hay mente que recite. La mente y el Buda son una y la misma cosa, la misma sustancia. Ambos, sujeto y objeto desaparecen y las marcas de yo y de Buda se funden. Uno recita y sin embargo no recita. E inversamente, uno no recita y sin embargo recita, esto es penetrar en los principios.

En este estado, uno no está ya confuso por los dos extremos de existencia y vacío. En la recitación de noúmeno, la mente que recita el nombre de Buda no mora en la existencia ni cae en el vacío. Mora, y sin embargo no mora; mora en el Camino Medio de la naturaleza del principio. Uno puede entonces continuar recitando hasta que ve su propia naturaleza de Buda.

Los antiguos dicen:

De repente surge el pensamiento de Amitabha;
El terreno se nivela, no hay viento, una ola surge por sí misma;
Pensamiento tras pensamiento se disipa y retorna a no pensamiento pensamiento; ¡Incluso saber del no pensamiento es excesivo!

Cuando uno alcanza este estado, aparece un bloque de esencia espiritual vacía, y la naturaleza del principio se revela a sí misma.

La naturaleza del principio también se conoce como la Marca Verdadera. La Marca Verdadera es la ausencia de marcas. Es no dual: sin interior ni exterior o algo entre medio; ni en el pasado, ni en el presente, ni en el futuro; ni blanca ni negra, ni larga ni corta, cuadrada o circular, sin olor, ni tacto ni gusto. Si se busca, no se puede encontrar. Si se habla de ella, no puede ser expresada. Puede crear los mil mundos y uno no puede imaginarse su límite. Está fuera de todas las condiciones y del discernimiento, separada de las palabras y del lenguaje, y sin embargo las palabras y el lenguaje no son diferentes de ella. Es quieta y sin embargo se puede mover. Quietud y movimiento son no duales. Cuerpo y Tierra Pura son no duales.

No hay marcas: esto se denomina como Vacío Verdadero. Y sin embargo, no hay nada que no esté marcado: esto se denomina Existencia Maravillosa. Otros nombres para la Marca Verdadera son Talidad Verdadera, La única Esfera Verdadera del Dharma, la Naturaleza de Almacén del Así Venido.

Estas descripciones de estados más avanzados de la práctica de la Tierra Pura se han extraído de nuestro comentario sobre El Sutra Corto sobre Amitabha[8], que el lector puede consultar para mayor detalle si lo desea. Información adicional sobre estas clases de estados pueden encontrarse en Los Tres Esenciales de la Tierra Pura, una colección de charlas del Dharma de Luò Jì Hé 駱季和.

Uno no debería tratar de entender este tipo de descripciones con su mente racional. Estos estados sólo se mencionan para plantar semillas en la mente, que uno, con el tiempo, llegará a entender a través de su propia experiencia, más que por medio de la lectura o el estudio intelectual.

Puede llevar un buen tiempo antes de que alcance estos niveles de recitación, pero no se preocupe por ello, su práctica se irá desplegando con el tiempo. Tener codicia en alcanzar estos estados sólo dificultará su progreso.

Por ahora, enfóquese en aprender lo básico. La Parte VI de este libro le dará algunas herramientas concretas que puede practicar. Cuando más duro trabaje con ellas, más comprenderá.

La práctica requiere esfuerzo genuino; y el tipo de esfuerzo que se requiere sólo puede venir de una fe profunda y votos sinceros.

De nuevo, Fe, Votos y Práctica: estos son los tres requisitos para la Puerta del Dharma de la Tierra Pura. Son como un incensario de bronce con tres pies, que necesita cada uno de ellos para sostenerse y hacer su función. Los que toman el renacimiento en serio, deberían cultivar los tres, pues son todos una parte integral de la práctica.

26. Renacimiento del Budismo de la Tierra Pura

Estamos actualmente en una situación única para revivir y fortalecer el budismo para beneficio nuestro y de las generaciones futuras. Y la Puerta del Dharma de la Tierra Pura puede desempeñar un papel significativo en este esfuerzo.

En los Estados Unidos, el budismo Mahayana acaba de empezar a tomar raíz y el Dharma Correcto aún no tiene una base firme. Y en la mayoría de los países budistas en Asia, la modernización y la tendencia a adoptar los valores Occidentales han debilitado el Dharma dramáticamente y empezado a distorsionar las enseñanzas de Buda y desviarse de los principios propios.

Nuestra Era Final del Dharma actual, en lo que respecta al budismo, puede compararse con las Épocas Oscuras que tuvieron lugar en Europa entre los siglos V al XV.

Afortunadamente, como el Gran Maestro Xuan Hua nos enseñó, los que practican el Dharma Correcto permanecen en la Era del Dharma Correcto, aunque el mundo a su alrededor pueda estar en la Era del Final del Dharma. Si podemos inspirar a la gente a vivir de acuerdo con las enseñanzas de Buda, entonces podemos mitigar el potencial destructivo de nuestro periodo actual. Cuanta más gente haya que lleve vidas de bondad y virtud, más sucederá que las áreas donde viven sean prósperas y estén libres de calamidades y desastres naturales.

Gracias a su capacidad de beneficiar a personas de todas las capacidades, desde las de raíces "superiores" a las de raíces "inferiores", el Dharma de la Tierra Pura será crucial en este proceso. Así pues, sería sabio echar un vistazo a la historia del budismo de la Tierra Pura en China.

La cultura china es muy profunda, en parte porque estuvo fuertemente influida por el budismo durante miles de años. Por ejemplo, los principios budistas impregnan los idiomas y las historias que se tejen en la fábrica del lenguaje y cultura chinos.

Siendo la forma de budismo más extendida en China, la Escuela de la Tierra Pura fue decisiva en esta integración de los valores budistas en la cultura china cotidiana.

Hoy en día, China es conocida como una poderosa central manufacturera y exportadora, que suministra bienes a todo el mundo. Menos conocido, pero mucho más significativo, es que los chinos popularizaron y exportaron el budismo de la Tierra Pura por todo Asia, donde continúa practicándose ampliamente.

El Buda Shakyamuni enseñó el Dharma de la Tierra Pura durante su vida. Cuando estaba enseñando en La India, habló el Sutra Amitabha, que está registrado como parte del canon sánscrito original. Sin embargo, los métodos de la Tierra Pura no fueron practicados ampliamente hasta que llegaron a China, donde el Gran Maestro Huì Yuǎn 慧遠 (AD 334-416) de la dinastía Jìn fundó oficialmente la Escuela China de la Tierra Pura.

Ya que estamos considerando la mejor manera de integrar los métodos de la Tierra Pura en nuestro contexto actual, puede ayudar mirar el ejemplo dado por el Maestro Huì Yuǎn. Él provenía de un entorno familiar muy modesto. Como fue muy aplicado en sus estudios, el Maestro Huì Yuǎn llegó a ser un erudito y se especializó en los textos clásicos confucianos. Un día, estaba escuchando al Gran Maestro Dào An 道安 conferenciar sobre el Sutra Prajna, y experimentó repentinamente un despertar. Inmediatamente dejó la vida de hogar.

Su conducta era inspiradora de asombro y a menudo dejaba aturdidos y sin habla a los que se encontraban con él. Pronto su "Virtud del Camino", su conducta virtuosa como monje, fue muy conocida por todo el país.

En el AD 382 el Maestro Huì Yuǎn viajó a la Montaña Lu 盧山 y vio un terreno amplio que no pertenecía a nadie. Tomó un descanso. Esa noche un espíritu de la montaña se le apareció en el sueño, al mismo tiempo que empezaba a tronar y llover torrencialmente. Esto resultaba inusual porque había una gran sequía en aquella zona. Además, normalmente, el terreno estaba seco y agrietado. Pero cuando el Maestro Huì Yuǎn golpeó el suelo con su bastón, salió agua fluyendo. Más tarde, el Maestro Huì Yuǎn colocó una plataforma al lado de un estanque y recitó el Sutra del Rey Dragón del Mar 海龍王經. Un dragón gigante emergió del estanque y llovió de nuevo fuertemente. Éstas y otras manifestaciones persuadieron al Maestro Huì Yuǎn para permanecer en la Montaña Lu y cultivar.

El gobernador de la prefectura escuchó de estas respuestas y llegó a creer en el Maestro Huì Yuǎn. Con el tiempo, el gobernador incluso construyó un Salón de Buda, al que llamó Enviado Celestial, en el que el Maestro Huì Yuǎn pudo cultivar y enseñar a otros.

El Maestro Huì Yuǎn aspiraba al renacimiento en la Tierra Pura Occidental de Dicha. Construyó relojes de sol con forma de lotos y recitó el nombre de Buda sin interrupción. Pasado el tiempo, el Maestro Huì Yuǎn fundó un grupo de cultivadores conocido como la Sociedad del Loto. Juntos, vivieron y cultivaron en la Montaña Lu y se especializaron en recitar el nombre de Buda. Muchos monjes de alto nivel, oficiales y estudiosos famosos llegaron a la Montaña Lu para practicar con el Maestro. En total, había 140 personas que eran devotas de la práctica de la Tierra Pura.

El Maestro Huì Yuǎn enseñó en la Montaña Lu durante 30 años y nunca abandonó el área. Incluso cuando acompañaba a invitados que regresaban a sus hogares, nunca dejó la montaña.

Todos los miembros de la Sociedad del Loto obtuvieron numerosas respuestas. El término "respuestas", aquí, se refiere al hecho de que sus oraciones fueron respondidas, cumpliéndose sus deseos. Por ejemplo, el Gran Maestro Huì Yuǎn mismo vio una vez al Buda Amitabha, flanqueado por los dos Grandes Bodhisattvas, Guan Yin y Gran Fuerza, y acompañado por una Gran Asamblea. Sus cuerpos llenaban el espacio vacío. Vio una luz maravillosa yendo y viniendo en 14 corrientes. Experimentó cómo la luz hablaba el Dharma. Entonces el mismo Buda Amitabha certificó al maestro que, debido a sus votos pasados, él renacería en la Tierra Pura Occidental de Dicha. Entre la asamblea que apareció en su visión, el Maestro también vio a antiguos miembros de la Sociedad del Loto que ya habían alcanzado la Tierra Pura.

¡El Gran Maestro estaba en éxtasis! Informó a sus seguidores de las noticias y les dijo que había visto al Buda Amitabha, junto con los Bodhisattvas Guan Yin y Gran Fuerza. De hecho, dijo a sus seguidores que había visto a los Tres Sabios del Oeste en tres ocasiones anteriores. Esta era la cuarta vez que se le aparecían.

Como había predicho el Buda Amitabha, el Gran Maestro abandonó el mundo poco después, mientras estaba sentado en meditación en el AD 417. Tenía 83 años. El Maestro Huì Yuǎn fue nombrado primer patriarca de la secta de la Tierra Pura.

Se dice que todos los practicantes de la Sociedad del Loto fueron a la Tierra Pura Occidental de Dicha.

Debido a su amplio atractivo y muchos beneficios, el budismo de la Tierra Pura de hoy sigue siendo la forma más popular de budismo practicada en muchas partes de Asia. Especialmente en China, Japón y Corea. Esta popularidad puede explicarse parcialmente por los registros escritos de numerosas respuestas experimentadas por sus seguidores. Estos registros documentan historias de personas que murieron y fueron a la Tierra Pura, según revelaron varios signos. Al igual que en otras religiones, la gente tiene fe porque ellos, u otras personas que ellos conocen, han obtenido tales respuestas. Hoy en día, muchos practicantes de la Tierra Pura continúan consiguiendo el renacimiento en la Tierra Pura de Dicha de Amitabha, quizás porque el Buda Amitabha aún no ha abandonado a la gente confusa como nosotros.

Si esta maravillosa exportación china se llega a comprender mejor, entonces más seres vivos serán capaces de beneficiarse de esta Puerta del Dharma. En muchas partes hoy en día, la fe en el budismo de la Tierra Pura se basa más en la tradición y la cultura que en un conocimiento claro. El budismo, sin embargo, se apoya en la sabiduría, no en la fe ciega o la superstición. Mientras que muchos creyentes budistas aún depositan su fe en el budismo de la Tierra Pura, muchos monjes ya no tienen una adecuada comprensión de sus principios y su práctica. Para entender la

Puerta del Dharma de la Tierra Pura, los practicantes deben fortalecer y trabajar vigorosamente sobre su samadhi de recitación (nivel de concentración).

Los monjes, o "gente que ha dejado la vida de hogar", deberían hacerse responsables de perfeccionar su práctica de recitación y fortalecer su samadhi para que puedan desarrollar las habilidades que les permitan construir centros budistas de cultivo para entrenar a la siguiente generación. Tales centros de cultivo también harán accesibles los principios del Dharma Correcto a todos aquéllos que deseen aprender.

Siguiendo los pasos del Gran Maestro Huì Yuǎn, deberíamos establecer comunidades de practicantes, como las Sociedades del Loto del Maestro Huì Yuǎn, dedicadas a ayudar a enviar a la gente a la Tierra Pura Occidental de Dicha.

Si tenemos éxito con estas aspiraciones, entonces estaremos verdaderamente en el camino hacia la creación de un renacimiento del budismo de la Tierra Pura.

IV Tierras Puras, Cielos e Infiernos

27. El Budismo de la Tierra Pura y Otras Religiones

Creer en los cielos y en los infiernos es un hilo común que se encuentra en muchas tradiciones religiosas, por ello esta sección ofrece una oportunidad para comparar algunos puntos del budismo y otras religiones.

Las diferentes culturas de este mundo tienen muchas prácticas religiosas maravillosas y creencias de gran valor. Si la mayor parte de la gente viviese según las enseñanzas de estas religiones, este mundo estaría mucho mejor.

Como el cristianismo desempeña un papel central en la cultura occidental, este capítulo trazará algunas comparaciones generales con el budismo de la Tierra Pura. Algunos de los puntos aquí considerados también podrían aplicarse a otras religiones; el cristianismo se toma sólo a modo de ejemplo por su importancia en la cultura occidental, que influye hoy en día en el mundo entero.

Sin embargo, este no es el lugar para una comparación detallada entre el cristianismo y el budismo. Una discusión tal es demasiado compleja para este libro, y tendría un valor muy cuestionable para la práctica de cualquiera de las dos religiones.

Además, no se van a hacer comparaciones entre el cielo cristiano y la Tierra Pura. Incluso dentro de la misma cristiandad, no hay un concepto único de cielo aceptado. Los textos budistas dan descripciones mucho más específicas de los cielos de las que se dan en el cristianismo (véase el próximo capítulo), pero dejaremos al lector que haga los paralelismos entre estas descripciones y su propio entendimiento personal del cielo. Ambos, cristianismo y budismo, reconocen que la mayoría de nosotros no tenemos la capacidad de resolver verdaderamente los problemas de la condición humana. En el budismo, el problema central se formula en términos de sufrimiento, mientras que las enseñanzas cristianas están expresadas más en términos de pecado. Pero el principio común obvio es que debemos cultivar la bondad si deseamos mejorar.

El budismo describe un camino de práctica detallado con el que podemos superar el sufrimiento y ver nuestra Naturaleza Propia. Sin embargo, este camino es ciertamente tan difícil que muy pocos pueden recorrerlo, y nadie puede completarlo en una sola vida. Por eso, al igual que el cristianismo, el budismo de la Tierra Pura nos enseña las ventajas de encontrar algo de ayuda a lo largo del camino.

Los que tienen fe en el Dios cristiano y en Jesucristo, pueden encontrar lo que los cristianos definen como Salvación. A lo largo de su camino, pueden pedir ayuda a Jesús, Dios y los santos mediante la oración. De modo similar, los que tienen afinidades con el budismo, pueden recibir en su cultivo, ayuda del Buda Amitabha.

En las enseñanzas de la Tierra Pura, esta clase de ayuda se conoce como "el poder de otros" y se contrasta con "el poder de uno mismo."

Nuestro cultivo es como remar un bote: podemos progresar más rápido cuando no usamos sólo nuestro propio esfuerzo para remar, sino que izamos nuestras velas para aprovechar la potencia del viento. En la Puerta del Dharma de la Tierra Pura, el poder de uno mismo y el poder de otros trabajan juntos mientras cruzamos el vasto océano del sufrimiento para alcanzar la otra orilla, el Nirvana.

Cualquiera que quiera estudiar los principios y técnicas budistas es bienvenido a hacerlo, independientemente de su trasfondo religioso. Gente de otras fes son bienvenidos para aprender los principios budistas, e incluso los que son escépticos de todas las tradiciones basadas en la fe, a menudo estudian budismo para aprender técnicas prácticas para desarrollar su poder de concentración y llevar vidas felices.

Debería ya estar claro que este libro está escrito desde la perspectiva del budismo Mahayana. No es en modo alguno un relato imparcial, sino que esboza las ventajas del budismo, dejando al lector que forme su propia opinión de qué prácticas son las mejores para él.

Dicho esto, según el budismo, todos los cielos, de cualquier religión, comparten la misma diferencia fundamental con las Tierras Puras: a saber, los cielos no conducen a un escape permanente de la rueda de la reencarnación. Sin embargo, para ayudarnos a hacer esto, es precisamente para lo que están diseñadas las Tierras Puras.

Así pues, para aquéllos que deseen terminar su sufrimiento y buscar la iluminación, las Tierras Puras son el mejor lugar para ir.

Recuerde también que quienes llegan a la Tierra Pura son libres de viajar por toda la Esfera del Dharma. Cabalgando sobre los poderes espirituales de Amitabha, pueden ir y venir a su antojo. De hecho, este es uno de los mejores aspectos de la Tierra Pura: si usted consigue llegar allí, puede mirar alrededor y experimentar las cosas por sí mismo. Dado que Amitabha comparte sus poderes espirituales con todos en la Tierra Pura, usted puede viajar instantáneamente a cualquier lugar del cosmos. Y si a usted no le gusta la Tierra Pura, puede dejarla en cualquier momento. ¡No hay mejor garantía de devolución!

Esta es una importante sabiduría budista que queremos compartir, pero no pretende desalentar a los que aspiran a renacer en los cielos. Cualquiera que practique la bondad se está moviendo en la dirección correcta.

Sepa que los Budas y Bodhisattvas desean salvar a todos los seres sintientes, y no discriminan entre cristianos, musulmanes, budistas, etc.

Éstas son meramente etiquetas humanas.

Los Budas y Bodhisattvas harán lo mejor posible para ayudar a todos.

28. Los Cielos frente a Las Tierras Puras

Según la ley del karma, si hacemos cosas buenas, entonces cosecharemos buenos resultados. Del mismo modo que el placer y la felicidad se ganan en este mundo, también pueden ser ganados a un nivel superior, en los cielos y en las Tierras Puras.

Aunque tanto los que alcanzan los cielos, como los que consiguen llegar a las Tierras Puras experimentan estados muy dichosos, las recompensas celestiales no son permanentes. Están ligadas al tiempo y, cuando haya transcurrido suficiente, se terminarán, y uno regresará al ciclo continuo de la vida en otras esferas.

Sólo en la Tierra Pura obtiene uno un fin permanente al ciclo de reencarnaciones –un lugar para cultivar en paz, disfrutar de sus propias bendiciones, sin el apego al deseo; un lugar para disfrutar las recompensas de nuestro buen karma, a la vez que escapamos de la inevitable decadencia de esas recompensas.

También los habitantes de la Tierra Pura tienen limitada la duración de la vida, pero se les asegura que alcanzarán la permanencia verdadera convirtiéndose en Budas, antes del fin de su vida. Los que nacen en los cielos, por el contrario, están aún lejos de la permanencia verdadera.

Según el budismo, el Buda fue capaz de ver la estructura de todo el cosmos, incluyendo los cielos. Quienes hayan abierto su Ojo Espiritual, aunque su visión no sea tan completa como la del Buda, también serán capaces de confirmar las siguientes descripciones de los cielos.

Cada galaxia, que en el budismo se conocen como "Tierras de Buda", o simplemente "mundo", consiste de las siguientes tres esferas:

1. Esfera del Deseo

2. Esfera con Forma

3. Esfera sin Forma

Nuestro Mundo Saha, conocido por los científicos como la galaxia de la Vía Láctea, comparte la misma estructura.

Según las enseñanzas de Buda, el mundo cotidiano en el que vivimos, el mundo de los humanos, está situado en la Esfera del Deseo.

Por encima de nuestro mundo humano hay seis cielos que existen en la Esfera del Deseo junto a nuestro mundo humano; el resto de los cielos están colocados en las Esferas con Forma y sin Forma. La Esferas con Forma y sin Forma consisten enteramente de cielos.

Como el nombre sugiere, a los habitantes de la Esfera del Deseo les gusta complacerse con sus deseos. En general hay cinco clases de deseos de los sentidos. A saber, los deseos de:

1. Sexo: esta es la fuerza impulsora más poderosa en la humanidad. Estamos dispuestos a mover montañas y secar océanos para satisfacer este deseo.

2. Comida: aunque obtengamos placer con la comida, según el budismo, comer es en realidad una forma de enfermedad. La comida es considerada medicina para el cuerpo. Es una medicina muy buena[9].

3. Sueño: nuestro cuerpo necesita desconectar periódicamente para repararse, especialmente tras "ejercicios" como el sexo o comer en exceso.

4. Fama: nuestro ego continuamente demanda reconocimiento y elogio.

5. Riqueza: anhelamos la sensación de seguridad, poder y éxito que la riqueza trae consigo.

La gran mayoría de los esfuerzos humanos son para satisfacer los deseos, persiguiendo cosas externas. Cuando nuestros deseos están satisfechos, nos sentimos felices temporalmente. Cuando no, somos miserables. Como resultado nuestra existencia está llena de ansiedad.

Los sutras explican que los Seis Cielos del Deseo de la Esfera del Deseo, están situados por encima de nuestro mundo humano. Los seres que viven en esos cielos, así como en los cielos situados en las Esferas con Forma y sin Forma, en el budismo se llaman dioses.

Los dioses en la Esfera del Deseo aún tienen deseos de comida, sexo y sueño. Tienen matrimonios como en la esfera humana, sólo que los placeres del cielo son, con mucho, mayores que los de la esfera humana.

Sobre la Esfera del Deseo está la Esfera con Forma. Los dioses que residen allí tienen poder de samadhi, y están consecuentemente libres de deseos de sexo, sueño y comida. Sin embargo, aún no han erradicado esos deseos. Más bien, estos tipos de deseo han quedado simplemente latentes. Los dioses de la Esfera con Forma están muy apegados a su cuerpo con forma, que es muy refinada.

Los dioses de la Esfera sin Forma, sin embargo, están libres del apego a su cuerpo de forma. Por ejemplo, los distintos dioses hinduistas, como Vishnu y Shiva, existen en la Esfera sin Forma.

Los dioses nacen para disfrutar sus bendiciones celestiales. Es una existencia mucho más maravillosa que nuestra condición humana. Cuanto más alta es la Esfera, más dicha puede experimentar uno. La dicha resultante sobrepasa enormemente el placer de los sentidos que podemos tener en la Esfera del Deseo. Los practicantes de meditación, y los que han abierto su ojo espiritual, también pueden experimentar estas esferas.

Mientras que los humanos tienen que ganarse la vida, los dioses de la Esfera del Deseo no tienen que trabajar en absoluto. Viven en palacios con sus familias.

Los cuerpos de los dioses en todas las Esferas del Deseo están libres de enfermedad, ni siquiera tienen que bañarse o lavar sus ropas.

¿Cómo es posible tal existencia? A esta pregunta se le puede dar la vuelta ¿Por qué creer que una existencia tal es imposible?

Las personas que consiguen trabajar duro y ahorrar dinero pueden empezar a vivir como reyes en nuestra esfera humana. El principio detrás de esto es el mismo: si ahorra lo suficiente, entonces un estilo de vida así es asequible. Todo se trata de causa y efecto. Por ejemplo, la práctica cristiana de la caridad es una de las mayores razones por las que muchos cristianos serán capaces de ir a los cielos del Deseo para estar más cerca de su Dios. Ellos son muy sabios y saben que, si plantan las causas correctas, conseguirán el efecto deseado.

Sin embargo, al igual que todo lo demás, una existencia tal no dura para siempre. Recuerde, según la ley de causa y efecto, todas las vidas buenas son el resultado de bendiciones plantadas en el pasado. Cuando las bendiciones se gastan, uno se hace más pobre. Con el tiempo, los dioses también deben volver a la rueda de la reencarnación y cambiar a otro cuerpo y otra esfera de existencia. Como se mencionó en el capítulo anterior, el budismo enseña que esto es cierto para todos los cielos, de cualquier religión.

Desde luego que a los budistas no les importaría ir a los cielos y disfrutar una buena vida. Sin embargo, los budistas sabios prefieren ir a las Tierras Puras.

La ventaja de las Tierras Puras sobre los cielos es que los seres celestiales están apegados a los placeres y la dicha y no están libres de sufrimiento, mientras que los que van a las Tierras Puras, como hemos visto, cultivarán hasta el fin de todo sufrimiento y la obtención de la Budeidad.

Por ejemplo, todas las maravillas que disfrutan los dioses mientras están en los Cielos del Deseo, con el tiempo se desmoronarán. Aunque tienen una duración de la vida muy larga, a su tiempo, incluso los dioses tienen que morir. Cuando están a punto de morir empiezan a sudar y oler mal por primera vez en sus vidas. Tras una vida de increíble dicha, el hecho de que aún tienen que sufrir al final los hace miserables.

Los habitantes de la Tierra Pura disfrutan similares bendiciones celestiales. No tienen que trabajar, comen comida celestial, nadan en estanques celestiales y viven en palacios celestiales. De hecho, todo en las Tierras Puras es incluso más refinado que en los cielos.

En la Tierra Pura también existen diferentes niveles de estatus social. Por ejemplo, en la Tierra Pura Occidental de Dicha, hay nueve grados diferentes de renacimiento. Los que tienen más bendiciones nacen en los grados superiores y experimentan mayor dicha. Para más detalle, uno puede consultar las escrituras de la Tierra Pura.

Los habitantes de la Tierra Pura escogen cultivar antes que la confusión y la búsqueda fútil de placeres y gratificación externa. Como resultado, son más felices.

Como mencionamos anteriormente, el placer y la felicidad se ganan. Esto es por lo que las escrituras budistas se refieren a los que renacen en las Tierras Puras como "buenos hombres y mujeres con causas y condiciones superiores:" Ellos han acumulado muchas más bendiciones de las que se necesitan para ir a los cielos.

Desde luego, mucha gente en este mundo tiene afinidad con el cristianismo u otras religiones y su meta es llegar al cielo. Pero la perspectiva budista Mahayana muestra la falta de permanencia de tal elección –y es una elección. ¿Desea usted terminar permanentemente de dar vueltas por la rueda de la reencarnación?

Si la respuesta es "Sí", entonces trabajar para el renacimiento en las Tierras Puras en esta vida, debería ser la meta.

Muy poca gente tiene el privilegio y las bendiciones de oír de la Tierra Pura, y no digamos de renacer allí. Los que conocen sobre ello, no necesitan conformarse con nada inferior.

29. Los Infiernos Esperan a Los que Odian

Mucha gente no cree en los infiernos. Aquí no vamos a tratar de discutir con ellos o probar que los infiernos existen. En vez de ello, exploraremos algunas de las diferentes facetas de esta importante enseñanza budista, y compartiremos algunas de las descripciones de los infiernos que nos han llegado a través de las escrituras budistas, por gente más sabia que nosotros.

Los infiernos existen tanto en la forma de estados mentales como físicamente.

Antes que nada, los infiernos son un estado mental. Cuando experimentamos tortura mental, sea debido al abuso por otros, o por nuestros propios estados internos, tales como la depresión, podemos sentir tanto sufrimiento que queremos morir. No sorprende que mucha gente se quite la vida para terminar este tipo de dolor intenso.

Tales pensamientos de suicidio, no importa cuán breves hayan sido, es posible que hayan pasado por muchas de nuestras mentes. Cuando la angustia es insoportable, uno naturalmente quiere terminar con ella. Muchos de nosotros pasamos por estas emociones extremas por lo menos una vez en nuestras vidas, hasta el punto de que consideraríamos esta solución radical de autodestrucción.

Como la mayoría de nosotros comprende lo que significa el tormento mental, deberíamos esforzarnos por no infligir el mismo sufrimiento a otros con nuestras acciones sin amor, deshonestas, crueles o egoístas.

Además de la angustia mental, podemos experimentar el infierno físico en la tierra; podemos sufrir la guerra, pobreza extrema, dolor físico crónico, enfermedad grave, crímenes, malos matrimonios y otras relaciones no saludables, etcétera.

Vivir en prisión puede compararse al infierno porque puede haber falta de luz, comodidades materiales o derechos y seguridad personales. Un ingeniero muy bien remunerado, que fue enviado a una prisión donde estaban apresados criminales peligrosos, contaba después que se encontraba "condicionado" por el frío severo de las celdas de la cárcel y la amenaza constante de que sus compañeros de prisión abusasen de él. Antes, él solía caminar con su cabeza erguida; ahora él andaba con su mirada baja, para evitar mirar a los otros presos.

Claramente, existe el infierno en la tierra. No debería sorprender que los infiernos existan también como un plano separado de existencia. Según el budismo, los infiernos están situados físicamente por debajo de la tierra.

Los infiernos están bien documentados en el Sutra Almacén de la Tierra. Básicamente, los infiernos están reservados para los que tienen que sufrir grandes torturas por sus graves ofensas. Deben pasar por sufrimiento extremo por haber infligido sufrimiento extremo a otros. Tal es la ley de causa y efecto. Soportar el sufrimiento es una forma de erradicar las malas acciones pasadas.

Compartiremos ahora algunas de las descripciones de los infiernos dadas en los sutras budistas. Estos detalles se incluyen para marcar un contraste fuerte con la Tierra Pura, donde los tres senderos inferiores de las esferas de animales, fantasmas e infiernos, ni siquiera existen.

¿Por qué es así? Porque en la Tierra Pura, nadie crea ofensas; por ello los infiernos no surgen. Esta es una tremenda ventaja sobre nuestro mundo Saha, donde es tan fácil crear ofensas por las que, como consecuencia, puede que tengamos que pasar eones sufriendo duras retribuciones.

Los infiernos son oscuros: ni un simple rayo de la luz del sol o de la luna penetra en la oscuridad. Para salir de estos lugares terribles, los ofensores deben confiar en sus bendiciones. Con suerte, su familia y amigos conocen de sus dificultades, y hacen ofrendas para generar bendiciones para ellos. De otro modo, permanecerán en un estado de tormento hasta que la retribución se complete.

En la esfera humana, la tortura está generalmente prohibida, incluso en los lugares que son "un infierno en la tierra" como prisiones o campos de concentración; pero allí abajo, en los infiernos, ser torturado es un modo de vida, y los prisioneros son rutinariamente torturados hasta la muerte. Pero tan pronto como mueren, una "brisa inteligente" sopla y resucita a los prisioneros, de modo que puedan seguir sufriendo torturas una y otra vez. En los infiernos, cada día puede contener decenas de miles de muertes.

El Buda enseñó que hay diferentes infiernos con castigos que se corresponden con los distintos grados de ofensas que uno ha cometido. El peor de todos los infiernos se llama Avici, palabra sánscrita que significa implacable o interminable. En ese infierno, no hay absolutamente ninguna interrupción en el sufrimiento y la tortura durante los millones de años de duración de cada vida. Los prisioneros típicamente deben pasar por millones de vidas de este tipo en el infierno, donde no hay virtualmente ninguna esperanza de escapar hasta que se cumple el ciclo.

Los que abusaron de su poder para dañar a otros se enfrentarán al infierno de las cuatro puertas de Montañas Aplastantes. Las montañas en este infierno se abren para dejar escapar a los habitantes. Sin embargo, cuando están a punto de escapar, dos de las montañas rápidamente empiezan a juntarse aplastándolos hasta la muerte.

Los receptores de preceptos que quebrantaron los preceptos experimentarán la retribución de caer en el infierno de los Vestidos de Hierro, donde cuchillos con ganchos rasgarán sus vestidos. Cuando los prisioneros desnudos ansían vestimenta, un conjunto de ropas metálicas desciende de los cielos y los viste. Pero estas ropas están hechas de hierro ardiendo, y quemarán a los que han quebrantado los preceptos hasta hacerlos cenizas. Después, un "viento inteligente" soplará por la zona para resucitar al muerto, y la tortura se repetirá.

De los receptores de preceptos que quebrantaron el quinto precepto de infidelidad, y los que tuvieron relaciones sexuales fuera del matrimonio, se dice que caerán en el infierno de Abrazar la Columna. Allí, el ofensor confundirá una columna de cobre con su amado o amada, y lo abrazará. La columna de cobre ardiente lo quemará a él o a ella hasta la muerte. De nuevo, un "viento inteligente" vendrá para enfriar el área y devolverá al muerto a la vida, y el proceso de abrazado y quemado se repetirá. Este es el infierno para las personas con el karma de la lujuria.

Las personas que calumniaron y dañaron la Triple Joya estarán sometidas al infierno de Lenguas Ensartadas. Allí, malvados fantasmas levantarán a los prisioneros en el aire con ganchos ensartados en sus lenguas. Esta es la retribución por haber influido a otros a no creer en el Buda por medio de calumnias y mentiras. También las personas que se cargaron con "karmas de la boca" andarán su camino al infierno de Lenguas Ensartadas. Los cuatro tipos de "karma de la boca" son: 1) hablar con violencia, 2) hablar para causar disensión, 3) hablar frívolo, y 4) hablar falso.

Las personas que han cometido ofensas de matar seres vivos tales como chinches, pájaros o animales en general, con el tiempo terminarán en el infierno de Cabezas Cortadas.

Según las enseñanzas de Buda, hay incontables tipos de infiernos, cada uno contiene toda clase de instrumentos de tortura para asegurarse de que sufrimos la retribución propia por nuestras ofensas pasadas.

El camino de fuego que lleva seguro a los infiernos es caer en la ira o en el odio. Por causa de la ira estamos preparados para hacer la vida "como un infierno" a nuestras víctimas. Por esta razón debemos ir con el tiempo a uno o más infiernos para saldar nuestras deudas.

Incluso los que no creen en los infiernos, pueden, de todos modos, terminar allí tras su muerte. Afortunadamente, ellos aún pueden recibir ayuda de sus seres queridos, gracias a Dharmas especiales que están disponibles para los budistas; pero es mejor tomar medidas precautorias para asegurarse de que esto no ocurre.

V A la Hora de la Muerte

30. Ayuda Propia Frente a Ayuda Ajena

Anteriormente, en el capítulo "Sólo Diez Recitaciones", explicamos que tenemos asegurado el renacimiento en la Tierra Pura Occidental de Dicha si conseguimos recitar el nombre de Buda 10 veces con una mente sin confusión. Esta es la autoayuda primaria, porque debemos apoyarnos en nuestro propio samadhi de recitación para tener éxito.

El propósito de nuestro entrenamiento de recitación de Buda es enseñarle cómo entrar en este samadhi. La meta es desarrollar su samadhi de recitación, de modo que pueda ayudarse a sí mismo y no ser una carga para los demás. Sin embargo, ya hemos mencionado que no es fácil conseguir el Samadhi de Recitación de Buda; de hecho, la mayoría de nosotros no lo conseguirá en una vida.

Aquí es donde se hace relevante una de las mejores ventajas del budismo de la Tierra Pura: los practicantes pueden recibir ayuda de otros para ganar el renacimiento en la Tierra Pura.

¿Cómo pueden ayudar otros? Pueden ayudar de dos maneras.

Primero, pueden recitar en su nombre. Si ellos pueden entrar en el Samadhi de Recitación de Buda ellos mismos, entonces pueden ciertamente notificarle al Buda Amitabha y poner el nombre de usted en su conocimiento. Esto sólo ayudará si son lo suficientemente creíbles ante Amitabha para que él honre su petición. Segundo, otros pueden darnos también sus bendiciones de renacimiento, posibilitándonos también ganar nuestro puesto en la Tierra Pura.

La tradición budista de conseguir la ayuda de los que han dejado el hogar para ayudar al fallecido se basa en ambos conceptos. Durante el periodo de 49-días tras la muerte de un amigo o familiar, la gente a menudo solicita a los monjes que reciten y lleven a cabo ceremonias en honor del fallecido. Estas ceremonias están diseñadas para transmitir méritos de renacimiento a su cuenta bancaria kármica.

Es una tradición muy valiosa que merece la pena mantener. Desafortunadamente, sin embargo, el renacimiento en la Tierra Pura parece haberse convertido en una tradición o costumbre en vez de ser una empresa principal, como debería ser. La sustancia suele faltar detrás de la tradición.

Consecuentemente, la mayoría de los seguidores de la Tierra Pura se limitan a solicitar la ayuda del templo más por una costumbre cultural que por verdadera comprensión. Aunque es ciertamente mejor que la costumbre de celebrar fiestas y beber para conmemorar al fallecido, se queda muy corta en lo que necesita hacerse para ayudar al renacimiento en la Tierra Pura.

No ayuda que los funerales sean tan caros. Peor aún, la mayoría de los funerales son de poca ayuda para el fallecido. Como consecuencia, la mayoría de los muertos no consiguen ir a la Tierra Pura.

Los funerales ofrecen un rito para la transición y un modo de tratar con la pena de los que han quedado atrás. Sin embargo, aquéllos cuyos recursos son limitados, y que creen en el Dharma de la Tierra Pura, pueden desear evitar gastar una fortuna en ceremonias y cosas ornamentales, que son fundamentalmente para las apariencias, y en su lugar usar juiciosamente sus recursos para ayudar al fallecido.

Si realmente desean ayudar a sus seres queridos fallecidos, deben ser muy sinceros y deben buscar la clase correcta de ayuda. La obtención de la ayuda de otros para el renacimiento se apoya en dos pilares:

1. La habilidad de recitación del otro y/o

2. Sus bendiciones de renacimiento.

Aunque la mayoría de las personas típicamente consulta más de un médico antes de cirugías importantes, la mayoría de los budistas simplemente caminarán al templo más cercano para pedir ayuda en nombre del fallecido, en un esfuerzo por salvar a sus seres queridos de sus enemigos mortales.

Las personas sabias, sin embargo, llevarán a cabo una búsqueda más exhaustiva. Hablarán por lo menos con unos pocos templos para ver lo que proponen, y escogerán aquél que esté mejor cualificado en los dos pilares mencionados más arriba.

Los que están verdaderamente bendecidos harán la búsqueda por su cuenta y se prepararán con antelación. Si sintiese que no puede conseguir llegar a la Tierra Pura mediante por su propia fuerza de recitación, puede desear disponer con antelación para tener ayuda cualificada para cuando muera.

31. Quedan 49-días

La muerte es un asunto que a pocos de nosotros nos gusta tratar. Conforme la tecnología médica avanza, el tema de la muerte queda cada vez más separado de nuestra consciencia diaria. Con una asistencia médica cada vez mejor, esperamos, y parecemos, engañar a la muerte durante más décadas de lo que la historia hasta hoy permitía.

Como resultado, el miedo a la muerte, y el deseo de sacarla de nuestra consciencia, han prevalecido más durante los últimos 100 años aproximadamente.

En este capítulo trataremos de la muerte –cómo se preparan los budistas para su inevitabilidad, y qué esperar en el periodo crítico de 49-días tras la muerte.

La información presentada aquí se basa en el Sutra Almacén de la Tierra. Los lectores pueden consultar textos budistas para más detalles.

Ya hemos mencionado la importancia del concepto budista de skandhas, que en sánscrito significa "montón" o "pila"[10]. Hay muchas capas envueltas en este concepto. Pero hablando de modo general, el yo tal y como lo conocemos consiste de los siguientes cinco componentes que se conocen como los Cinco Skandhas:

1. Forma: se refiere a la forma del cuerpo físico.

2. Sentimiento: nosotros buscamos de forma natural sensaciones agradables y rechazamos las desagradables y dolorosas.

3. Pensamiento: nos gusta pensar. Nos sentimos orgullosos de ser lógicos y racionales.

4. Actividad: son las corrientes subterráneas de pensamientos que se hacen obvias cuando soñamos por las noches – incluso durante el sueño, no estamos completamente en reposo o sin actividad. En realidad, no podemos dejar de pensar de modo subconsciente.

5. Consciencia: esta es la consciencia que experimentamos cuando entramos en contacto con el mundo exterior.

Experimentamos la existencia a través de estos cinco aspectos de nuestro ego, que son como las capas de una cebolla. Estos skandhas muestran que el yo es realmente muy complejo.

Además del concepto de los skandhas, necesitaremos usar el concepto de reencarnación. Como hemos visto, el budismo enseña que la muerte no es un final; cuando morimos simplemente cambiamos a otro cuerpo. Cada cuerpo está definido por los cinco skandhas.

Después de la muerte, la mayoría de nosotros pasa a través de un estado llamado el Cuerpo de Skandhas Intermedio. Este "cuerpo" es un estado temporal por el que pasamos entre reencarnaciones, mientras pasamos de un cuerpo a otro.

Cuando estamos en el estado de Cuerpo de Skandhas Intermedio, en realidad nos convertimos en un fantasma que vive sólo durante siete días. Podemos vivir y morir siete vidas sucesivas como fantasma temporal, hasta un total de 49-días. Así pues, durante los 49-días después de la muerte, tenemos oportunidades de afectar a nuestro renacimiento.

Durante este periodo de tiempo llegamos a encontrarnos con el Rey Yama, juez y regidor del inframundo, una vez cada siete días. Cada vez, el juez se presenta con nuestros registros. El tabula las acciones buenas y malas que hemos creado durante nuestra vida y emite su juicio de acuerdo con ellas. En otras palabras, él decide qué clase de cuerpo tendremos después, dependiendo de nuestro karma pasado. Los que llevaron una vida buena y decente pueden tener suficientes bendiciones para ir a la esfera humana o a las esferas celestiales. Los que fueron malos pueden acabar cayendo en las tres esferas malas de los infiernos, fantasmas hambrientos o animales.

Este estado de Cuerpo de Skandhas Intermedio es un estado miserable. Todavía no estamos acostumbrados a haber perdido nuestro cuerpo humano. Por ejemplo, podemos tratar de levantar nuestros brazos, pero se sienten como plomo y no se mueven. Más aún, todo está oscuro. Abrimos los ojos lo más que podemos, pero no podemos ver nada. Y tenemos frío y mucha hambre. Peor aún, estamos acosados continuamente por nuestros acreedores pasados – gente con la que tenemos deudas por ofensas pasadas– que desean confundirnos para que caigamos en las esferas inferiores.

De lo que la gente no llega a darse cuenta es que durante este periodo de 49-días, las acciones de nuestros familiares y amigos supervivientes pueden tener un impacto inmediato sobre nosotros.

Por ejemplo, en algunas culturas es tradición celebrar una fiesta memorial en honor del recién fallecido. En tales casos es común beber alcohol y comer carne en memoria del fallecido, prácticas que los budistas piensan que son dañinas y aumentan su deuda kármica. Los budistas también se reúnen en honor de su ser querido, y a menudo comparten una comida, pero sin los elementos ofensivos.

Cada vez que el fallecido se encuentra con el Rey Yama, todo el karma creado en relación con el fallecido es recontado y añadido a sus registros. Como todo esto puede pasar hasta siete veces, hay muchas oportunidades de que las ofensas creadas por los seres queridos se añadan al registro de la persona fallecida.

Aquí es donde las costumbres budistas, que todavía son practicadas por muchos asiáticos, se hacen importantes. De costumbre, los budistas irán al templo a pedir ayuda para crear bendiciones por el fallecido. Encargan a monjes y monjas que reciten el nombre de Buda o sutras, o se postren en arrepentimiento. Adicionalmente, los budistas también saben realizar actos meritorios como no comer carne durante este periodo, para crear mérito y virtud en beneficio del fallecido.

Si los familiares y amigos supervivientes hacen actos meritorios en ayuda del fallecido durante este periodo, pueden ayudarle a obtener un buen cuerpo en su vida siguiente. Por otro lado, si crean ofensas, digamos comiendo carne como parte de una celebración en honor del fallecido, estas ofensas empeorarán el destino del muerto.

En particular, este periodo de 49-días es también el tiempo más oportuno para ayudar al fallecido a obtener el renacimiento en las Tierras Puras. Los que creen deberían prepararse para este periodo de transición para maximizar sus oportunidades de renacimiento.

Durante miles de años, el budismo Mahayana ha tenido la tradición de ofrecer ceremonias especiales para gente que está muriendo o que ha muerto recientemente. En particular, el Dharma de los 49-días ha sido tradicionalmente de gran importancia para los budistas del Este asiático.

Este dharma crea mérito mediante la realización de una ofrenda a la Triple Joya para ayudar a la persona fallecida a aumentar sus bendiciones y superar las obstrucciones que enfrentará durante el periodo de transición de 49-días. El objetivo es ayudar al fallecido a obtener el renacimiento en la Tierra Pura Occidental de Dicha inmediatamente.

Pero incluso si la persona fallecida es incapaz de alcanzar la Tierra Pura inmediatamente, la ceremonia puede de todos modos ayudarle a ascender a la esfera humana o a las esferas celestiales. También, puede ayudarle a plantar semillas para el renacimiento en la Tierra Pura en futuras vidas.

El Dharma de los 49-Días tiene sus raíces en el Sutra Almacén de la Tierra y el Sutra sobre Amitabha, así como en el Sutra en que el Buda Habla de Ullambana. En el Sutra Ullambana, el Buda Shakyamuni rescata a la madre de Mahamauldgalyayana de la esfera de los fantasmas hambrientos. ¿Cómo? Transfiriéndole todo el mérito generado de hacer ofrendas a la Sangha budista (la comunidad de las personas que han dejado el hogar) a lo largo de las diez direcciones.

He aquí un par de anécdotas de nuestro templo.

La amada madre de un discípulo falleció hace unos años. En aquel entonces yo sólo enseñaba Chan, pero sentía que era importante informar a mi discípulo sobre los Dharmas de 49-Días y Renacimiento.

Su madre les dejó a él y a su hermana una herencia que incluía una casa en California, cuya venta estaban tramitando. Por eso le insté a usar algunos de los ingresos de la venta para pagar por los Dharmas de Renacimiento en la Tierra Pura Occidental de Dicha. Argumenté que incluso si no era budista, debería aun así tener la opción de ir a las Tierras Puras budistas. Después de todo, era su dinero. Mi discípulo escogió el Dharma de Renacimiento más económico disponible en un templo local, en vez de acudir al Dharma de Renacimiento en otro templo, más caro, pero mucho más efectivo.

El servicio económico fue más ceremonial que beneficioso para la mujer fallecida. Sin embargo, fue una cristiana muy decente durante toda su vida, y finalmente nació en los cielos.

¿Saben lo triste de todo aquéllo? Ella todavía está molesta con su hijo favorito por su tacañería. Aún no lo ha perdonado.

El segundo ejemplo es de un no creyente. Tengo un discípulo que es dentista. Su mejor amigo es un doctor que no cree en el budismo. El no creyente falleció y mi discípulo dentista inmediatamente vino a pedirme ayuda con el Dharma de 49-Días.

Después de acceder a su petición, pregunté a mi discípulo si su amigo era más bien arrogante y despreciaba la religión. Mi discípulo respondió afirmativamente.

¿Cómo podemos ayudar a la gente que piensa que lo que hacemos es absurdo o pura superstición?

Durante las tres primeras semanas hice mi trabajo normal de los 49-días, pero retuve las bendiciones y le pedí al Rey Yama no aplicarlas a la cuenta del doctor fallecido. En otras palabras, le dejé sufrir durante las tres primeras semanas para aumentar su consciencia. Pasado el tiempo, él escogió ir a la Tierra Pura Occidental de Dicha en la sexta semana. Aparentemente, este no creyente había tenido suficiente sufrimiento y escogió disfrutar la Dicha de la Tierra Pura tan pronto como fue capaz de ello.

Un par de meses después, mi discípulo dentista visitó el templo y contó haber recibido una llamada telefónica de la hija de su amigo doctor. Su padre había venido a sus sueños en dos noches consecutivas. Le dijo que se encontraba muy bien.

En la segunda noche, le dijo que debía decirle adiós y que tenía que irse. Le dijo que estaba haciendo algo que no había hecho nunca antes: estaba realmente cultivando el Dharma. ¿Por qué? Porque, dijo a su hija, no tenía nada más que hacer que cultivar. Eso es lo que la gente hace en la Tierra Pura; ya no tienen la oportunidad de cometer ofensas como hacemos en nuestro mundo. En su lugar, su existencia entera está orientada a practicar el Camino y obtener la liberación. La hija que había tenido este sueño no estaba al tanto del budismo de la Tierra Pura.

Un inconveniente significativo en el modo en que el Dharma de 49-Días se practica usualmente en estos días, es que la mayoría de los budistas esperan hasta que alguien muere antes de ir al templo y pedir ayuda mediante una ceremonia de 49-Días. Sin embargo, según el Sutra Almacén de la Tierra, sólo 1/7 de las bendiciones que se generan en favor del fallecido irán realmente al fallecido. Los familiares supervivientes recibirán la gran mayoría (los otros 6/7). Esta es una razón por la que la mayoría de la gente fracasa en alcanzar la Tierra Pura –simplemente no tienen bendiciones suficientes para ir allí.

Es comprensible que algunas personas puedan creer que las preparaciones anticipadas para este periodo de 49-días puedan interpretarse como desear una muerte temprana a alguien. Sin embargo, esto no es correcto y es simplemente una superstición. Por otra parte, nuestras vidas son cortas; ¿no deberíamos prepararnos con tiempo?

Si usted es realmente un creyente, es más seguro preparar usted mismo la ceremonia de 49-Días, más que esperar que sus familiares sepan qué hacer. No es sabio dejar a otras personas tomar decisiones tan críticas para usted.

También es sabio no retrasarlas. Como los budistas dicen: los fantasmas de la impermanencia pueden llegar en cualquier momento. Las más de las veces, vienen cuando menos los esperamos. Usted nunca sabe cuándo será su turno.

Más importante, solicitando el servicio de 49-Días mientras todavía está vivo, recibirá el 100 por cien de las bendiciones generadas en su beneficio, más que sólo 1/7. Otra ventaja de prepararse con anticipación es que no impondrá cargas innecesarias a sus familiares durante el estresante periodo del duelo.

Si se hace correctamente, uno puede mejorar drásticamente su propio renacimiento mediante este proceso de 49-días.

32. Después del Juicio

La primera vez que aprendemos sobre este periodo de juicio que la mayoría de nosotros tiene que pasar tras la muerte, la gente a menudo pregunta: "Me siento mal por no haber sabido más sobre este Dharma de 49-Días para solicitarlo a tiempo para mis seres queridos que murieron hace años. ¿Hay algo que pueda hacer, ahora que ese periodo de 49-días ya ha pasado?"

Sí, usted todavía puede ayudar. Pero hay muchas más cosas que afectan cuando el periodo de 49-días ha terminado.

Primero, debe generar suficientes bendiciones para que se permita su renacimiento en la Tierra Pura Occidental de Dicha. Eso no es tarea fácil. Además de eso, 49-días después de su muerte, ya nacieron en un nuevo cuerpo, en una de las seis esferas de renacimiento. De manera que ahora usted debe generar suficientes bendiciones para superar las obstrucciones a su renacimiento con raíz en su existencia presente. El dharma Mahayana de solicitar una placa de renacimiento en un templo budista es lo más adecuado para esta finalidad.

Le daré dos ejemplos para explicar cómo funciona esto.

Hay un monje que falleció hace unos años. Él debía haber caído en las esferas inferiores, pero su familia pidió ayuda a un templo competente y por ello nació en los cielos.

Pasaba un tiempo maravilloso, regresando constantemente a visitar a las personas por las que se preocupaba profundamente. Todos informaron de sentir su presencia.

Sin embargo, como hemos visto, para el budista, la dicha celestial no es la meta última. Cuando las bendiciones se agotan, volvemos al ciclo de la rueda de la reencarnación. Sentirse feliz con esta dicha celestial es, simplemente, ser miope.

Por ello, su familia vino a pedirme que le ayudase a obtener el renacimiento en la Tierra Pura Occidental de Dicha. De nuevo, en este momento, el periodo de 49-días había pasado y el monje ya había nacido en los cielos. Gracias a una donación sincera hecha por la familia, no tardó mucho antes de que este monje tuviese las suficientes bendiciones como para llegar a la Tierra Pura. Sin embargo, costó todavía un año y medio adicional de tiempo, para persuadirlo de que escogiese el renacimiento en la Tierra Pura Occidental de Dicha. ¿Por qué? Yo tenía que competir con las increíblemente placenteras y dichosas experiencias que estaba disfrutando en los cielos.

Hay otro caso que también tipifica las dificultades envueltas en obtener el renacimiento después del periodo de 49-días. Una mujer que tuvo un aborto cuando era más joven, después llegó a comprender más sobre causa y efecto. Sintió remordimientos por su acto y quiso arrepentirse. Así pues, decidió ayudar a su hijo no nacido a obtener el renacimiento en la Tierra Pura. No reparó en gastos. Buscó ayuda en varios templos. En ellos celebraron ceremonias especiales para ayudar al niño a cruzar al otro lado. Dedicaron recursos especiales en ayuda del niño.

En su proceso de búsqueda para salvar a su hijo no nacido, llegó, pasado un tiempo, ante mí y me pidió ayuda. Le informé de que desafortunadamente al niño no le iba nada bien. Estaba aún muy enfadado con ella, y al mismo tiempo era incapaz de deshacerse de su apego a ella, debido a su parentesco sanguíneo.

Finalmente, después de convencerme de su sinceridad, fuimos capaces de convencer al niño de pasar al renacimiento y seguir adelante.

El servicio de 49-Días está diseñado para manejar los, a menudo virulentos, ataques que sólo salen a la superficie después de que morimos, en cuanto nuestros acreedores pasados averiguan que tenemos una oportunidad de renacimiento en la Tierra Pura, y por tanto vienen contra nosotros con el ojo puesto en la venganza, mientras todavía tienen la oportunidad.

Pero incluso los que reciben el servicio de 49-Días, también se beneficiarían de tener una placa de renacimiento, que les traería bendiciones adicionales y les permitiría, a los fenecidos, cultivar más efectivamente y convertirse antes en un Buda. Entonces tendrán la oportunidad de volver y salvarnos. Merece la pena apoyar el cultivo de los que ya han llegado a la Tierra Pura porque, después de todo, estos son el tipo de personas que pueden ayudarle en su cultivo y su crecimiento.

Así pues, los que son sinceros, deberían considerar obtener placas de renacimiento además del Servicio de 49-Días.

VI Chan y Tierra Pura. Práctica Paralela: Una Guía de Cómo Hacerla

33. Recitando el Nombre de Buda

En este capítulo explicaremos cómo recitar el nombre del Buda Amitabha, que es la práctica básica del budismo de la Tierra Pura.

La mayoría de nuestras técnicas Chan se abordarán en el capítulo 37. Sin embargo, incluso las técnicas de la Tierra Pura de este capítulo están influenciadas por el Chan, ya que las dos facetas de nuestro cultivo paralelo de Chan y Tierra Pura, en el fondo, no están separadas.

Hay cuatro métodos de recitar el nombre de Buda:

1. Recitación contemplando y pensando: el Sutra de la Contemplación lista 16 contemplaciones sucesivas.

2. Recitación contemplando una imagen de Buda: escoja una escultura de Buda que le guste; recite el nombre de Buda mientras la contempla.

3. Mantener el nombre: manténgase recitando el nombre de Buda para purificar su mente y usted puede entrar en samadhi.

4. Recitación de Buda con Marca Verdadera: la recitación con Marca Verdadera es lo que los seres iluminados hacen cuando recitan el nombre de Buda.

Mantener el nombre es, con mucho, el método más ampliamente practicado. Para practicar este estilo de recitación, simplemente eche a un lado todo pensamiento-falso y repita el nombre del Buda Amitabha, bien en silencio, en su mente, o en voz alta.

Usted puede recitar "Emituofo", que es la pronunciación china del nombre de Amitabha. Sin embargo, también está bien usar el inglés "Amitabha Buddha" (en castellano Buda Amitabha), o cualquier otro lenguaje, como vietnamita, coreano, etc.

Algunas veces se añade la palabra sánscrita "Namo" antes del nombre de Buda. Por ejemplo, en nuestras Asambleas de la Tierra Pura, recitamos "Namo Emituofo" cuando caminamos rodeando al Buda, mientras hacemos recitación caminando, y después cambiamos a la forma más corta "Emituofo" para la recitación sentados.

También, usted puede escoger recitar de un modo melódico, o puede usar un tono hablado normal. Simplemente encuentre el método de recitar que le sea más cómodo.

Cuando estamos recitando, usamos la Puerta del Dharma de Guan Yin, que es escuchar nuestra propia naturaleza auditiva. Este método se describe en El Sutra Shurangama. Para el propósito de nuestra Práctica de la Tierra Pura, simplemente necesitamos escuchar con nuestra completa atención el sonido de nuestra propia recitación. Esto se aplica aunque no estemos recitando en voz alta, sino sólo internamente. El pensamiento del nombre de Amitabha en su mente aún tiene un sonido interno que usted puede escuchar.

O usted puede recitar a su ombligo, que es conocido en chino como el dan tian, su centro espiritual de gravedad. Para practicar este método, simplemente recite el nombre de Buda mientras pone su atención en su ombligo.

Trate de no pensar-falsamente cuando está recitando. En otras palabras, su mente no debería tener otro pensamiento excepto el nombre de Buda. Simplemente ponga toda su atención en el sonido de su recitación. Cuando se dé cuenta de que está pensando-falsamente, simplemente eche sus pensamientos a un lado y vuelva a recitar el nombre de Buda con la mente enfocada en eso únicamente.

Lo mejor es dedicar algún tiempo todos los días a la recitación sentado y/o caminando. El capítulo 37, "Técnicas de Meditación Chan", le enseñará más sobre la mecánica de la recitación sentado.

Adicionalmente, usted también puede recitar a lo largo del día, cuando esté haciendo cosas que no requieran su atención consciente, como lavar los platos, hacer la colada, o barrer: simplemente pare su pensar-falso, ponga su atención en el ombligo y siga recitando.

Al principio puede resultar difícil enfocarse en su dan tian mientras está haciendo cosas en el ambiente exterior. Sin embargo, si se mantiene entrenándose a sí mismo a enfocarse en su dan tian, "habitando en los cuarteles generales, o la central de mando", de modo natural se hará más consciente de la tarea que esté haciendo. No es fácil, pero éste es el proceso para minimizar el pensar-falso cuando usted se da cuenta de él.

Cuando usted deba pensar, como por ejemplo en el trabajo, entonces puede enfocarse en lo que está haciendo y dejar de recitarle a su ombligo. Sin embargo, cuando se encuentre a sí mismo pensando innecesariamente, pare por un minuto, vuelva su atención a su dan tian y recite el nombre de Buda.

También es una buena idea hacer un descanso una vez cada hora más o menos, y recitar brevemente a su ombligo. Puede incluso ponerse una alarma como recordatorio.

El método que hemos descrito aquí es extraordinariamente simple: inténtelo por un tiempo y rápidamente se hará experto en él. La mayoría de los practicantes budistas de la Tierra Pura recitan el nombre de Buda todo el día: desde que se levantan por la mañana, mientras se lavan los dientes, conduciendo al trabajo, en el trabajo, etcétera.

Usted puede recitar el nombre de Buda a cualquier hora y en cualquier sitio. Hacerlo le dará energía y paz mental. Los que tienen habilidad pueden enfocarse muy rápidamente en el nombre de Buda, excluyendo todas las cosas externas, permitiéndoles recargar rápidamente sus baterías.

Practicando este método, usted verá su efectividad para calmar su mente, lo que a la postre, incrementará su fe en el Dharma. Con fe, es más fácil entrar en el samadhi de recitación de Buda.

Entonces usted estará en camino directo a la Tierra Pura.

34. Otros Métodos de Práctica de la Tierra Pura

¿Cómo puede practicar usted el Dharma de la Tierra Pura? Los siguientes pasos le darán algunas directrices:

1. Fije metas

Asegúrese de hacer el voto para renacer en la Tierra Pura Occidental de Dicha. Mejor aún, asegúrese de querer renacer allí al final de esta misma vida.

2. Genere bendiciones

Hace falta una enorme cantidad de bendiciones para conseguir renacer en las Tierras Puras. El siguiente capítulo le explicará con mayor detalle cómo generar bendiciones.

La mayoría de la gente falla a la hora de generar suficientes bendiciones de renacimiento y esa es la razón por la que la inmensa mayoría de los practicantes de la Tierra Pura no conseguirá renacer en la Tierra Pura al final de esta vida. Debería preocuparse si se encuentra entre ellos.

Esté siempre al acecho de modos de generar más bendiciones para el renacimiento. Generalmente, cualquier método de hacer el bien para otros, también generará bendiciones para usted. Ser un buen hijo para sus padres, que es el tema del capítulo 36, es un gran método para generar bendiciones. Cuantas más bendiciones tenga, mayor será su grado de renacimiento.

Yo enseño a mis discípulos: creen gran mérito 立大功.

3. Observe los preceptos

Seguir las reglas de moralidad descritas en los preceptos generará más bendiciones de renacimiento para usted.

4. Encuentre un maestro

Incluso antes de acumular suficientes bendiciones para ser digno de ser enseñado, debería estar siempre a la búsqueda de un gran maestro

Cuando tenga suficientes bendiciones, un maestro lo reconocerá y le enseñará.

No vaya por ahí con la actitud: "Sálveme, ayúdeme, enséñeme". En vez de ello sea más humilde y ayude a otros para ser digno de ser ayudado. Puede encontrar más acerca del tema de un Buen Consejero Conocedor o maestros sabios en nuestro libro "Manual de Chan".

5. Aumente su gongfu

A menos que su gongfu de cultivo (nivel de samadhi) mejore, va por la vía equivocada. Debería registrar su nivel de progreso. Si su nivel de samadhi de recitación aumenta continuamente, entonces está acercándose gradualmente a las Tierras Puras.

Simultáneamente, a la vez que su samadhi aumenta, su sabiduría debería desplegarse conforme a ello.

¿Cómo puede decir que su sabiduría se está desplegando?

Usted se vuelve más humilde. Usted da paso a los demás y deja que otros sean el centro de atención. Usted se vuelve más amable y compasivo, en vez de servirse a sí mismo. No critica a otros; más bien, acepta sus debilidades y defectos. Y lo más importante, deja de mirar a las faltas de otros y se enfoca en las suyas propias.

El capítulo 37: "Técnicas de Meditación Chan" describe algunas prácticas para aumentar su poder de samadhi. Para instrucciones más detalladas sobre cómo desarrollar su nivel de samadhi, consulte el Manual de Chan.

Finalmente, usted puede mejorar su poder de concentración encontrando un buen grupo para cultivar con regularidad. Si puede encontrar un grupo de practicantes cuyo nivel sea superior al suyo, se beneficiará de cultivar con ellos.

Muchos templos de la Tierra Pura tienen asambleas semanales regulares donde se juntan y recitan el nombre de Buda. Además, es muy beneficioso asistir a retiros de Fo Qi o Chan Qi, sesiones de entrenamiento especiales para Tierra Pura y Chan que duran siete días seguidos. Un día de recitación típico puede comenzar a las 4 a.m. y terminar a las 9 p.m.

6.   Pida ayuda externa

Investigue algo, y busque gente competente que pueda ayudarle a usted o a sus seres queridos a alcanzar el renacimiento en la Tierra Pura Occidental de Dicha.

Estudie budismo de la Tierra Pura. Invierta en su renacimiento: busque ayuda de personas cualificadas que hayan dejado el hogar; encuentre un buen templo que pueda asistirle durante los 49-días críticos después de su muerte, para recitar y realizar ceremonias en su favor. Este trabajo está diseñado para transferir méritos de renacimiento en su cuenta bancaria kármica.

Si tiene grandes bendiciones, encontrará ayuda externa. Esto completa el círculo: símplemente recuerde generar más bendiciones continuamente.

35. La Moneda de las Bendiciones

Las cosas buenas nos pasan porque tenemos bendiciones.

Las bendiciones se crean por nuestras acciones meritorias y virtuosas. Requieren acción, no simplemente buenas intenciones o promesas.

El mérito se crea ayudando a los demás. Uno puede ayudar a un anciano a cruzar la calle, hacer voluntariado en un comedor benéfico o lavar los platos en el templo después de comer.

Las acciones virtuosas son acciones de generosidad que conllevan asumir una pérdida personal. A la gente virtuosa no le importa asumir una pérdida para ayudar a los demás. Más importante, los actos virtuosos se hacen solamente con el motivo de ayudar a los demás, y no para el reconocimiento (ayudarse uno mismo).

Renacer en la Tierra Pura requiere una enorme cantidad de bendiciones. Por eso es por lo que generar bendiciones de renacimiento es una parte crítica de la práctica de la Tierra Pura.

Podemos comparar el renacimiento en la Tierra Pura a tomar un avión a un país lejano. Antes de abordar el avión, tenemos que tener ahorros suficientes para pagar el pasaje. Del mismo modo, si deseamos que el Buda Amitabha nos salude en la hora de nuestra muerte y nos escolte a la Tierra Pura, debemos tener suficientes bendiciones de renacimiento para pagar esta transacción kármica.

Debería darse cuenta de que la Tierra Pura Occidental de Dicha está a 10 mil millones de mundos de distancia de nuestro mundo

Saha, esta Galaxia de la Vía Láctea en la que vivimos. Para darle una perspectiva, considere que gastamos alrededor de $50 millones de dólares para enviar astronautas a la Estación Espacial. No hay suficiente dinero en esta tierra para pagar un billete a la Tierra Pura Occidental de Dicha. Por ello, debería agradecer que el Buda nos enseñó tantas Puertas del Dharma para generar bendiciones.

Las bendiciones tienen dos formas: con emanaciones y sin emanaciones. Una "emanación" es un término técnico budista para una pérdida no intencionada de nuestra energía. Estamos plagados de estas fugas, porque habitualmente perseguimos placeres externos y nos involucramos en una corriente sin pausa de pensamiento disperso.

Bendiciones con emanaciones se refiere a las bendiciones mundanas como dinero, fama, coches, amor, etc. Aunque pueden disfrutarse, sólo promueven el flujo de energía hacia afuera, y a la postre nos drenan de energía.

En contraste, las bendiciones sin emanaciones son bendiciones que ayudan en el cultivo de los Dharmas transcendentales; estas bendiciones nos ayudan a terminar nuestras emanaciones, de modo que podemos controlar nuestra mente pensante, y conseguir, con el tiempo, la iluminación.

Por tanto, debería estar claro que las bendiciones sin emanaciones son preferibles.

Las bendiciones con emanaciones se crean ayudando a otros, a la vez que esperamos la recompensa o las ganancias. Las bendiciones sin emanaciones se crean no buscando recompensas o dedicando el mérito y virtud de las buenas acciones para la consecución de la Budeidad.

Las mayores bendiciones son las que están escondidas. Los que están realmente bendecidos simplemente tienen suficiente para sus necesidades. Por ejemplo, un trabajo altamente remunerado, que permite vivir en el lujo, es una forma de retirar bendiciones de su cuenta. Por otra parte, los que tienen simplemente lo que necesitan, no agotan sus ahorros dejando en descubierto su cuenta bancaria kármica. Hacer alarde de nuestras inversiones no es una bendición, sino un riesgo. Deberíamos aprender a ser muy ahorrativos con nuestras bendiciones y buscar oportunidades de crear aún más.

Los que se esfuerzan en ser buenos padres deberían dar a sus hijos bendiciones en lugar de dinero. El dinero los echa a perder; las bendiciones les ayudan a ser mejores personas.

La gente bendecida tiende a tener menos aflicciones o sufrimiento. Esto no tiene nada que ver con la riqueza material; mucha gente rica no es necesariamente feliz.

El verdadero budista no es partidario de la búsqueda de la felicidad por medios externos. La felicidad mundana es en realidad una forma de sufrimiento para un budista. Vivimos en un mundo de dualidad: la felicidad se define por oposición al sufrimiento. En la felicidad, el sufrimiento está incluido.

Por ejemplo, las personas buscan el amor romántico. Es maravilloso ser capaz de compartir tu vida con alguien especial. Pero lo que comienza como un gran amor se torna en odio o aburrimiento: al final, la mitad de los matrimonios en los Estados Unidos terminan en divorcio.

El budismo no es pesimista; es realista. Los que verdaderamente comprenden y se comportan sabiamente, pueden evitar la angustia en el camino.

Los budistas no están en contra de la felicidad. De hecho, los que están bendecidos, pueden aprender modos de ser más felices.

¿Cómo puede ser usted más feliz?

Puede conseguir felicidad aprendiendo a deshacerse de las cosas que le hacen sufrir y buscando la felicidad permanente que proporcionan las Tierras Puras. Si elimina el sufrimiento, todo lo que quedará es felicidad verdadera, no la dualidad que se refleja en la felicidad mundana. Mientras que la verdadera felicidad sólo puede alcanzarse cuando se termina el ciclo de nacimientos y muertes, antes de acabar con los nacimientos y las muertes, uno aún puede minimizar el sufrimiento en este plano y aumentar su felicidad.

¿Cómo eliminar el sufrimiento? Desplegando su sabiduría. Los que tengan sabiduría no actuarán de forma que hagan sufrir a otros, lo que acabará haciéndoles sufrir a ellos.

Los que tienen bendiciones encontrarán un maestro sabio que les enseñará cómo ser más felices.

Contrastada con la felicidad mundana, en la Tierra Pura Occidental de Dicha, la felicidad es constante. No hay nada desagradable. Todo es según su deseo. Los habitantes viven en palacios y nunca tienen que trabajar. No necesitan cocinar o coser porque la comida aparece según su deseo; las ropas que llevan son incluso mejores que las vestiduras celestiales. Los habitantes de la

Tierra Pura están tan bendecidos que no experimentan ningún tipo de sufrimiento.

Si usted cree esto, entonces plante bendiciones con mayores sinceridad y seriedad.

Según el Sutra de la Vida Infinita, uno de los Sutras de la Tierra Pura más importantes hablados por el Buda, los que desean nacer en la Tierra Pura Occidental de Dicha deberían cultivar tres clases de bendiciones.

1. Mostrar piedad filial hacia los propios padres y cuidar de ellos; obedecer y servir a sus maestros y mayores; mantener una mente bondadosa y no matar; y practicar las Diez Buenas Acciones (que están listadas en el capítulo 4, "Causa y Efecto").

2. Tomar refugio con la Triple Joya; recibir y mantener los preceptos; y no violar las reglas de comportamiento.

3. Dar lugar a la mente de Bodhi; creer profundamente en causa y efecto; leer y recitar escrituras Mahayana (de memoria); y progresar vigorosamente en el cultivo.

Estos tres tipos de bendiciones se llaman karmas puros. Tales karmas puros crean bendiciones, que son la moneda usada en la Tierra Pura Occidental de Dicha. Tales bendiciones son riqueza verdadera.

36. Sobre la Piedad Filial

Desde la perspectiva budista, la responsabilidad fundamental de los seres humanos es ser filiales, no conseguir un buen trabajo o hacerse rico. El comportamiento filial en budismo significa mostrar respeto y corresponder la bondad de los padres, mayores y maestros.

Para practicar budismo, uno debe ser filial.

En generaciones anteriores (en China, Vietnam y otros países del Este asiático) la cultura estaba construida sobre el comportamiento filial. Los budistas creen que las culturas más fuertes se construyen sobre el comportamiento filial. Sin embargo, hoy en día, incluso los países del Este asiático están adoptando valores occidentales, y una actitud más materialista que se enfoca menos en la familia; están olvidando sus raíces.

En la sociedad moderna, a menudo ya no enseñamos a nuestros hijos este tipo de valores básicos. Esta es la razón por la que los niños hoy tienden a olvidar ser amables hacia los demás; en vez de ello, a menudo, hacen egoístamente sólo lo que es beneficioso para ellos. No es de extrañar que no sean felices.

El comportamiento filial tiene un sentido muy amplio, pero la idea básica es respetar a nuestros padres y hacerlos felices. Puede ser difícil corresponder la profunda amabilidad de nuestros padres, porque los buenos padres cuidan de sus hijos de modo incondicional.

La mayoría de nosotros no somos conscientes de cuán profundamente nuestros padres se preocupan por nosotros hasta que no nos convertimos nosotros mismos en padres. De todas maneras, podemos intentar hacer felices a nuestros padres y encontrar oportunidades de complacerlos. Si somos así, daremos un buen ejemplo para que nuestros hijos se comporten de modo filial.

Haga lo más que pueda para satisfacer a sus padres, porque cuando usted muestra un comportamiento filial con sus padres, ellos son felices. Eso le hace a usted más feliz. Entonces, no sólo son felices usted y sus padres, sino los fantasmas y espíritus también serán felices; le respetarán a usted. Hace falta sabiduría para hacer felices a los propios padres.

La ruta más rápida para convertirse en un Buda es practicar la piedad filial. Convertirse en Buda es el mayor logro que uno puede alcanzar en la vida; nada es más importante que eso. Todos los Budas dicen, "Todos y cada uno de ustedes se convertirán en Budas." Dicho llanamente, cuanto antes, mejor. Practicar el comportamiento filial acelerará el proceso.

El comportamiento filial comienza en casa. Si usted sabe cómo respetar a sus padres, de ahí se sigue que usted también conoce cómo ser filial hacia el Buda.

La forma más elevada y definitiva de piedad filial es dejar la vida de hogar, como hizo el Buda Shakyamuni. Cuando usted deja la vida de hogar, usted ya no tiene padres propios. Usted deja a sus padres de modo que puede mostrar comportamiento filial con todos los padres del mundo. Esta profunda sabiduría budista no se comprende fácilmente, pero es muy importante.

El comportamiento filial hacia sus padres se muestra de muchas maneras. Una de ellas es plantar bendiciones en su beneficio haciendo ofrendas a la Triple Joya, recitar mantras, postrarse ante la Sangha, ofrecer comidas al Buda y la Sangha, etc. Lo que sea que ofrezca, encuentre la mejor calidad que pueda pagar y ofrézcalo sinceramente.

En la cultura Occidental, las personas compran tarjetas y regalos para sus padres para mostrarles su aprecio, especialmente en el Día de la Madre y el Día del Padre. Los budistas, sin embargo, no compran regalos, porque eso sólo consumirá las bendiciones del receptor. En su lugar, haga ofrendas a la Triple Joya, y generará bendiciones para sus padres y para usted también.

Otra forma de comportamiento filial es respetar a sus padres. No les diga lo que tienen que hacer, o que están equivocados, si no le piden consejo. Si les dice lo que tienen que hacer, según el budismo, está cometiendo la ofensa de ser irrespetuoso hacia sus padres. Sin embargo, usted puede darles consejo si ellos se lo piden. La sutileza profunda se muestra esperando el momento adecuado.

Para convertirse en un Buda, uno tiene que ser un buen ser humano. Para ser un buen ser humano, uno debe practicar la piedad filial.

Lo que sigue son unas pautas sobre cómo practicar la piedad filial hacia nuestros padres en el budismo:

- Haga ofrendas a sus padres: déles cosas que necesiten o aprecien, y cuide de ellos. Asegúrese de que no les falta de nada. Si usted puede pagarlo, asegúrese de que sus padres tienen suficientes posesiones materiales para cubrir sus necesidades, y no deje que se preocupen por cualquier carencia material.

- Haga ofrendas a la Triple Joya de modo que sus padres no pasen hambre en el futuro.

- Trate de hacer que sus padres no se sientan solos y tristes. Cuando la gente envejece, tienden a sentir que ya no son útiles a la sociedad. Pueden sentirse aislados, y que ya nadie los necesita. Además, cuando se case y tenga una familia propia, puede que usted esté muy ocupado cuidando de su propia familia y no tenga tiempo para sus padres. En vez de ello, debería dedicar atención extra a sus padres y ser especialmente amable con ellos.

- Cualquier cosa que haga, debería informar a sus padres. Por ejemplo, si sus padres viven con usted, cuando vaya al banco, dígales "voy a ir al banco". Esto muestra que usted es educado y respetuoso con sus padres.

- Sea lo que sea que hagan sus padres, debería ser respetuoso con ellos, apoyarlos y no oponerse a ellos. Apóyelos de acuerdo con los deseos de ellos, no con los suyos propios.

- Sea lo que sea que sus padres le pidan que haga, debería hacerlo. Por ejemplo, si le piden sacar la basura, estudiar, comer, dormir, etc,… hágalo.

- No pare o interrumpa las actividades propias de sus padres. Si quieren ir al templo o hacer ofrendas a los templos, déjelos que sigan haciéndolo. De hecho, si ellos ya no pueden conducir, ayúdelos y llévelos usted mismo.

¿Qué ocurre si su padre o madre es una persona problemática y no fue un buen educador? ¿Y si él o ella tenían una gran cantidad de problemas y no eran capaces de ser amables o responsables? Entonces le corresponde a usted encontrar la bondad dentro de sí mismo. No olvide que ese padre o madre fue imprescindible para que usted viniese a este mundo. Al nivel que usted pueda darles algo a sus padres, hágalo.

Hemos visto que todos deberíamos mostrar piedad filial con nuestros padres para corresponder su bondad. Además, deberíamos tratar también a los padres de otros con respeto. Practicar la piedad filial nos ayudará a permanecer más humildes y ser mejores personas.

El comportamiento filial es una quintaesencia de las enseñanzas tradicionales de Asia, aunque también se ha enfatizado en algunas otras culturas. El comportamiento filial en el budismo es un modo de humanidad.

Finalmente, uno no debería meramente hablar de ello; uno debe practicarlo. Podemos enseñar piedad filial a nuestros hijos por medio de acciones hacia nuestros propios padres, mayores, maestros y ancestros. Si mostramos piedad filial, entonces nuestros hijos, automáticamente, también lo harán.

37. Técnicas de Meditación Chan

Chan es la escuela de budismo que se especializa en la meditación.

El propósito de la práctica de Chan es desarrollar nuestra sabiduría inherente e iluminarnos en esta vida. El abordaje principal que utilizan los practicantes de Chan para abrir su sabiduría es desarrollar su samadhi, o poder de concentración.

Sin embargo, como hemos visto, la iluminación es increíblemente difícil de obtener, y pocas personas serán capaces de conseguirlo en una sola vida. A pesar de ello, las técnicas de meditación Chan pueden beneficiar a gente de muy diferentes niveles acelerando su progreso.

Es por esta razón que todas las diferentes escuelas de budismo recurren a las técnicas de Chan. En particular, si deseamos progresar en nuestras habilidades de recitación y entrar, con el tiempo, en el Samadhi de Recitación de Buda, podemos beneficiarnos grandemente de usar las técnicas de Chan para aumentar nuestra concentración.

Sentarse en loto-completo es un secreto Chan clave. En la postura de loto-completo, el pie izquierdo descansa sobre el muslo derecho, y la pierna derecha se cruza por encima de la izquierda, descansando el pie derecho sobre el muslo izquierdo. Puede llevar algún tiempo ser capaz de sentarse en loto-completo; sin embargo, la mayoría de las personas, a menos que tengan una lesión física, pueden entrenarse ellas mismas para hacerlo.

Para los que todavía no pueden sentarse en loto-completo, medio-loto es otra opción. En medio loto, el pie izquierdo descansa en la parte superior del muslo derecho, y el pie derecho descansa bajo la pierna izquierda.

Los que no tienen aún la flexibilidad suficiente para adoptar una de las dos posturas de loto, pueden sentarse en la "postura fácil". Esta es simplemente la postura normal con las piernas cruzadas, en la que los pies descansan ambos en el suelo delante de usted, en vez de sobre el muslo contrario.

Independientemente de qué postura se use, lo mejor es sentarse sobre el suelo llano, sin la ayuda de un cojín circular de meditación que eleve las caderas. Puede sentarse sobre una esterilla o una manta para aislarse del suelo.

Finalmente, los que no pueden sentarse sobre el suelo con las piernas cruzadas, pueden sentarse también en una silla.

Una vez que haya asentado su postura, coloque sus manos en su regazo, con la mano derecha sobre la mano izquierda y las puntas de ambos pulgares tocándose levemente. Es lo que se conoce como el Mudra Vajra.

A continuación se dan unas pocas directrices generales más, para observar durante la meditación:

1. Lleve ropa cómoda.

2. Siéntese con la parte baja de su espalda derecha. Con el tiempo la parte alta se pondrá derecha de modo natural. Aunque, si no causa dolor, intente mantenerla derecha sin forzarse.

3. No se mueva durante la meditación. No se rasque la nariz.

4. Mantenga sus ojos cerrados o abiertos una tercera parte. Si sus ojos están ligeramente abiertos, su mirada debería dirigirse hacia abajo, a un par de metros delante de usted.

5. Sentarse frente a una pared reducirá las distracciones visuales.

6. Evite las corrientes de aire.

7. Mantenga sus piernas calientes con una manta o toalla si es necesario.

8. No se ponga un sombrero si siente frío en la cabeza. Aguante hasta que se caliente de modo natural.

9. No envuelva una manta alrededor de la parte superior de su cuerpo. En su lugar, use más capas de ropa; pero es mejor mantenerse ligeramente frío. Si está demasiado caliente, se pondrá somnoliento.

10. Curve su lengua para tocar ligeramente las encías posteriores de sus dientes frontales superiores. Esto cierra un importante meridiano para hacer que el Qi (energía) fluya mejor.

11. Trague la saliva que se acumule.

Para practicar el método de la Tierra Pura mientras está sentado, simplemente cruce sus piernas y recite el nombre de Buda a su ombligo, como se describe en el capítulo 33.

Lo mejor es que medite diariamente. Los que se tomen su cultivo en serio deberían sentarse una hora al día. Puede llevar un tiempo progresar hasta ser capaz de sentarse durante una hora sin descruzar las piernas. Sin embargo, cuanto más rato pueda permanecer sentado, especialmente en loto-completo, más aumentará su samadhi y más efectiva será su recitación.

Para permanecer sentado todo ese tiempo, necesitará aprender a sobrellevar el dolor en sus piernas y en su espalda. El dolor de piernas puede ser especialmente intenso si está sentado en loto-completo.

Un buen modo de incrementar su capacidad de aguantar el dolor es comenzar sentándose tanto tiempo como aguante. Entonces use un temporizador y permanezca sentado dos minutos más cada día. De este modo aumentará gradualmente su capacidad de permanecer sentado a pesar del dolor.

Puede que esto no sea lo que usted esperaba (¡o quería!) oír. De hecho, la mayoría de los otros estilos de meditación le instarán a sentarse tan cómodamente como sea posible, y sólo hablarán de estados placenteros y relajación.

Sin embargo, sentarse aguantando el dolor es uno de los secretos Chan para aumentar la concentración. Las buenas noticias son que, si trabaja duro, puede empezar a progresar fácilmente con este método.

De hecho, tiene muchas ventajas enfrentarse al dolor en su meditación. Para más detalles, consulte nuestro Manual de Chan.

Resumiendo, soportar el dolor en las piernas, no sólo reduce nuestro pensar-falso y aumenta la concentración, sino que también nos enseña a ser más pacientes, y mejora el flujo de Qi por todo el cuerpo. Dado que las enfermedades están causadas por el bloqueo del flujo de Qi en nuestro cuerpo, cuando meditamos podemos realmente curarnos a nosotros mismos, especialmente si tenemos la voluntad de cultivar intensamente.

Si desea recitar el nombre de Buda durante su meditación caminando, adopte con sus manos la misma posición del Mudra Vajra que se usa en la meditación sentado, al nivel de su ombligo, con los pulgares tocándose. Mire al suelo, a unos pocos metros delante de usted. No mire alrededor. Ponga su atención en el dan tian y escuche el sonido de su propia recitación. También puede recitar a lo largo del día, mientras está caminando normalmente.

El uso de las técnicas de meditación Chan, tales como el loto-completo, es una parte importante de la práctica paralela de Chan y Tierra Pura. Esta práctica paralela está diseñada para maximizar sus probabilidades de renacimiento en la Tierra Pura Occidental de Dicha, tanto desarrollando nuestro poder de samadhi, como haciendo uso del poder del Buda Amitabha para ayudarnos.

Además, si recitamos el nombre de Buda, no hay necesidad de contemplar un tema concreto. En vez de ello, sólo necesitamos tomar el nombre de Buda como si fuese una balsa que se usa para cruzar el océano. No nos atrevemos a soltarla, ni siquiera por un breve instante. Nuestra boca recita y nuestra mente se enfoca. Cada sílaba se origina en la mente y es enunciada por la boca. Nuestra mente está clara y brillante, no turbia y no dispersa.

Hay dos analogías que son relevantes en este punto. Primero, recitar el nombre de Buda es como un gato que caza un ratón. Con una atención completamente enfocada, su espíritu está completamente despierto y su pelo erizado. Segundo, recitar el nombre de Buda es como una gallina incubando sus huevos. La gallina se enfoca totalmente en el acto de incubar, con exclusión de todo lo demás, ajena a la sed o al hambre. Si podemos recitar con esta clase de concentración, aunque es una forma de recitación de fenómeno, no sólo es posible que nos aseguremos el renacimiento, sino que también podemos despertar a los principios. Como el Maestro de Chan Kong Gu decía, "No hay necesidad de investigar quién recita el nombre de Buda. Esfuércese directamente por alcanzar una mente concentrada en un solo punto y un día estará iluminado."

Más aún, si podemos recitar el nombre de Buda y meditar, entonces puede llamarse verdaderamente cultivo paralelo de Tierra Pura y Chan. No estamos despreciando la recitación de fenómeno o noúmeno. Más que eso, es como navegar en un bote hacia el Oeste, en el que podemos apoyarnos en dos cosas, remar con los remos (Chan) y el impulso del viento (recitación).

Como el Maestro de Chan Yong Ming Shou decía, "La Tierra Pura y el Chan juntos, son como un tigre con cuernos: en esta vida uno es maestro de los hombres, y en el futuro, uno se convierte en un patriarca."

VII Pensamientos Finales

38. "¡Volveré!"

Algunas personas sienten que ellos posiblemente no podrían ir a la Tierra Pura porque es, simplemente, demasiado egoísta.

Por ejemplo, muchas mujeres, especialmente en las culturas asiáticas, están condicionadas para creer que se quedarán cortas en sus deberes para con su familia si no hacen sacrificios extremos para cuidar de ellos, tales como renunciar al matrimonio y a la felicidad personal. Pero, ¿por cuánto tiempo deben continuar haciendo estos sacrificios? ¿No es suficiente con la duración de una vida?

Además, aunque tuviésemos las mejores intenciones, estamos limitados en cuánto podemos ayudar a nuestros seres queridos cuando nosotros mismos estamos confusos.

Sólo cuando alcanzamos la comprensión real podemos ayudar verdaderamente a otros. De otro modo, a menudo creamos más confusión con nuestro mal consejo, y nos convertimos más en una carga inmiscuyéndonos en los problemas de otras personas.

De manera más específica, antes de ayudar a otros, debemos desarrollar sabiduría transcendental. En otras palabras, debemos alcanzar el nivel de un Arhat, o preferiblemente superior.

Pero tristemente, muy pocos de nosotros seremos capaces de logros tan elevados en esta vida.

Esto nos lleva a otro aspecto maravilloso de la Puerta del Dharma de la Tierra Pura: si primero vamos a la Tierra Pura Occidental de Dicha y estudiamos bajo el Buda Amitabha, podemos tener fe en que él nos guiará en cómo rescatar mejor a nuestros seres queridos.

Normalmente, una vez que alcancemos la Tierra Pura, no regresaremos a este mundo Saha hasta que tengamos las habilidades y sabiduría para salvar a aquéllos con los que tenemos condiciones comunes.

Sin embargo, bajo circunstancias especiales y las condiciones adecuadas, Amitabha podría enviarnos de vuelta, aunque nosotros personalmente aún no estuviésemos preparados.

Por ejemplo, usted puede volver antes para ayudar a sus seres queridos a encontrar un maestro adecuado que los salve o los envíe a la Tierra Pura. Una vez que su tarea en el mundo Saha haya concluido, entonces usted mismo regresará a la Tierra Pura para continuar allí su cultivo.

Estos casos ocurren más a menudo de lo que la gente cree. Esto es debido a que la Puerta del Dharma de la Tierra es un método Mahayana de liberación, y la intención del Mahayana es salvar a todos los seres vivos tan pronto como sea posible. Por lo tanto, hay buena probabilidad de que estas "operaciones especiales", como la descrita anteriormente, sean una parte común del cultivo en la Tierra Pura.

Todo esto es posible únicamente gracias a que el Buda Amitabha está cuidando de nosotros.

Simplemente tenga fe de que él nos ayudará a cumplir nuestros deseos.

En resumen, deberíamos enfocarnos en dos cosas:

1. Asegurarnos por todos los medios de renacer en la Tierra Pura al final de esta misma vida.

2. Antes de partir, hacer un voto para salvar a los que desea ayudar en el futuro. Con el tiempo, cuando las condiciones estén maduras, el Buda Amitabha le guiará para cumplir esos votos.

¡Homenaje al Buda Amitabha de la Tierra Pura Occidental!

¡Homenaje al Buda Amitabha de la Tierra Pura Occidental!

¡Homenaje al Buda Amitabha de la Tierra Pura Occidental!

39. Un Camino Hacia la Bondad

El budismo, como muchas de las principales religiones del mundo, puede verse como un camino hacia la bondad.

En el budismo, consideramos que el Buda ha alcanzado la bondad perfecta. El budismo de la Tierra Pura es único en el sentido de que ofrece un camino más fácil a las personas de todas las capacidades para alcanzar este estado de bondad perfecta y convertirse ellos mismos en Budas.

A medida que progresamos hacia esta meta, deberíamos contar nuestras bendiciones. Somos afortunados de haber nacido con cuerpos humanos, que son muy difíciles de obtener. Somos también afortunados de haber encontrado el Dharma Mahayana, y deberíamos sacar lo mejor de esta oportunidad.

La siguiente historia ilustra la rareza de esta oportunidad:

Caminaba una vez el Buda por el bosque junto al Ven. Ananda, su asistente. Cogió un puñado de tierra sucia y preguntó al Ven. Ananda: "¿Hay más tierra sucia en la gran tierra o en mi mano?"

"Por supuesto, Honrado por el Mundo, la gran tierra tiene más tierra sucia." respondió Ananda.

"¡Así es! ¡Así es!" dijo el Buda. "El número de seres vivos que obtienen un cuerpo humano es como la cantidad de tierra que hay en la palma de mi mano. En comparación, el número de seres vivos que pierden sus cuerpos humanos es el mismo que la cantidad de tierra sucia en la gran tierra."

Más aún, es difícil encontrar el Mahayana, y no digamos el Dharma Mahayana de la Tierra Pura. Y, además, una vez que encontramos el Dharma, es aún muy difícil cultivar con éxito y conseguir la iluminación. Y la meta final de alcanzar la Budeidad es mucho más difícil de alcanzar que la iluminación.

Así pues, deberíamos estar agradecidos por las enseñanzas de la Tierra Pura, que nos proporcionan un camino más corto y directo hacia la Budeidad. Deberíamos desarrollar vigorosamente nuestra fe, votos y práctica, de modo que podamos aprovechar esta maravillosa Puerta del Dharma y obtener el renacimiento en la Tierra Pura, donde no tendremos que sufrir nunca más, y donde experimentaremos la vida más maravillosa dedicada al cultivo.

En conclusión, recuerde que fe, votos y práctica son los tres requisitos del Dharma de la Tierra Pura:

1. Fe: uno debería tener fe:

○ Especialmente en la sabiduría y el poder de los votos del Buda.

○ En uno mismo: estamos muy bendecidos por haber encontrado este Dharma Mahayana de la Tierra Pura.

○ En que el Dharma de la Tierra Pura puede ayudarnos a escapar rápidamente del nacimiento y la muerte.

2. Votos: uno debería hacer votos amplios

○ Para reunir recursos

○ Para controlar el propio destino

○   Tales votos actúan como una cuerda de salvamento, vida tras vida

3.   Práctica:

○   Practicar vigorosamente para ver certificada la fe

○   Mejorar el grado de renacimiento

○   Desarrollar el samadhi de recitación

○   Ayudar a otros

Si podemos cultivar adecuadamente el Dharma de la Tierra Pura, podemos prepararnos para un buen renacimiento en nuestra próxima vida, y también experimentar grandes beneficios en ésta.

Inicialmente, nuestra motivación para alcanzar la Tierra Pura es, y debería ser, aliviar nuestro propio sufrimiento. Al final, sin embargo, la Tierra Pura es un terreno de entrenamiento para Bodhisattvas. Después de que hayamos alcanzado allí la sabiduría, podemos volver a las tierras impuras para beneficiar a otros seres vivos.

Las Tierras Puras no son el fin del camino.

El verdadero espíritu Mahayana es que cada uno de nosotros, perfeccionando nuestras habilidades, podemos, con el tiempo, convertirnos en un Buda. Este es verdaderamente el mayor logro que uno puede alcanzar. Y es algo que cada uno de nosotros es capaz de hacer.

Una vez que alcancemos la Budeidad, habremos obtenido la realización de la iluminación perfecta. Entonces podemos regresar a las tierras impuras, como nuestro mundo Saha, y rescatar incontables seres vivos, transportándolos, a través del mar turbulento del nacimiento y la muerte, a la otra orilla: la dicha permanente del Nirvana.

VIII Apéndice

Preguntas y respuestas

Esta sección contiene una colección de preguntas y preocupaciones que nos han sido planteadas, y que pueden ayudar a clarificar malentendidos sobre el budismo de la Tierra Pura.

No Budistas y la Tierra Pura

Pregunta:

¿Tiene que ser budista una persona para obtener el renacimiento en la Tierra Pura Occidental de Dicha?

Respuesta:

No, en absoluto.

El Buda Amitabha no discrimina entre budistas y no budistas. Muchos no budistas han obtenido ya el renacimiento.

No crea rumores que puede oír de que usted debe guardar los preceptos o tener poder de samadhi o sabiduría antes de ser digno del renacimiento. Simplemente acumule suficientes bendiciones de renacimiento mediante los tres requisitos de la práctica de la Tierra Pura, y tendrá una buena probabilidad.

Malas Personas y la Tierra Pura

Pregunta:

¿Cómo es posible que las malas personas obtengan el renacimiento en la Tierra Pura?

Respuesta:

Pueden, si han acumulado suficientes bendiciones en vidas anteriores como para contrarrestar el mal que hayan cometido en esta vida.

¿Es justo? Sí, lo es. Uno no debería ser castigado por una vida de mal si pasó sus vidas anteriores haciendo el bien.

Por cierto, las Tierras Puras son perfectas para la mayoría de las malas personas. Que todos sean enviados allí. ¿Por qué? Habrá menos sufrimiento en este mundo si las malas personas renacen en las Tierras Puras; una vez que obtengan algo de sabiduría, abandonarán su patrón de hacer el mal y dañar a los demás. No es un mal "castigo" para las malas personas renacer donde sólo pueden convertirse en buenas.

Ayuda para los Fallecidos Después del Periodo de 49-días

Pregunta:

¿Qué podemos hacer por los que han fallecido hace más de 49-días?

Respuesta:

Puede conseguir una placa de renacimiento para ellos.

Aunque es menos ideal proporcionarles asistencia después del periodo de 49-Días, pues es durante este periodo cuando tienen oportunidades de escoger su siguiente cuerpo, todavía podemos ayudar a generar bendiciones de renacimiento para ellos.

Es como hacer depósitos de bendiciones de renacimiento en su cuenta. Lleva un poco más de tiempo, porque además de necesitar bendiciones de renacimiento, también necesitan bendiciones para superar las obstrucciones resultantes de su cuerpo actual. Cuando tengan suficientes bendiciones, pueden obtener el renacimiento en la Tierra Pura Occidental de Dicha.

Ayuda para Familiares Ancianos y Enfermos

Pregunta:

¿Cómo puedo ayudar a mi abuelo anciano y enfermo?

Respuesta:

Podría ayudarle haciendo lo siguiente, en función de sus recursos:

Solicite una placa de Renacimiento del Buda Maestro de la Medicina para ayudar a aliviar su dolor y sufrimiento.

Solicite un servicio de 49-días para él. Si puede solicitarlo antes de que fallezca, maximizará su efectividad.

Solicite una placa de renacimiento para empezar a acumular sus bendiciones de renacimiento ahora.

Soñar con Familiares en un Mal Estado

Pregunta:

A menudo sueño que mi tía fallecida está en un triste estado. ¿Qué puedo hacer por ella?

Respuesta:

Esto se explica en el *Sutra Almacén de la Tierra*. Los familiares fallecidos a veces consiguen aparecer en nuestros sueños para pedir ayuda. Esas son todas las bendiciones que pueden reunir: hacernos saber de su estado de miseria. Deberíamos ser compasivos con ellos y ayudarles a crear bendiciones en su beneficio para aliviar su sufrimiento.

Si puede permitírselo, consígale una placa de renacimiento para enviarla a la Tierra Pura Occidental de Dicha.

Prueba de Renacimiento

Pregunta:

¿Qué prueba tiene de que las personas han obtenido el renacimiento en las Tierras Puras?

Respuesta:

Los chinos tienen muchos registros que datan de miles de años atrás de personas que han obtenido el renacimiento desde todos los ámbitos de la vida.

No es nuestro trabajo convencerle a usted. La religión es un asunto personal. No creemos que tengamos que intentar convertir a nadie. No discriminamos entre budistas y no budistas.

Nosotros sugerimos que tengan fe en las palabras de los Budas y Bodhisattvas. Pero no tenemos problema si usted no cree.

Yo espero que usted piense que merece la pena invertir en sus probabilidades de renacimiento, simplemente en caso de que sea verdad. Las personas gastan mucho más en cosas frívolas, como un coche lujoso, yates u otras cosas que no necesitan.

Si tiene suficientes bendiciones, lo hará.

Mi Religión Prohíbe Investigar los Dharmas Budistas

Pregunta:

¿Qué ocurre si mi religión me prohíbe investigar los Dharmas budistas?

Respuesta:

Entonces no los investigue. Tiene que vivir con su conciencia. Yo no puedo aconsejarle ir contra su conciencia.

Pero si se le permite usar su cabeza, debería tratar de mantener una mente abierta.

A mí me gusta vivir mi vida en libertad. Tengo un profundo respeto por cada individuo. Los respeto lo suficiente como para apoyarlos en sus decisiones.

Si mis discípulos budistas desean buscar o seguir otra fe religiosa, siguen siendo bienvenidos en cualquier momento. ¿Por qué? Espero quedar a bien con ellos, de modo que ellos vuelvan y puedan salvarme si encuentran un camino mejor.

Espero que no fuerce a sus hijos a seguir el mismo camino que usted ha escogido. Si los quiere de verdad, les dejará escoger por ellos mismos. Viva y deje vivir.

Nacionalidad Budista

Pregunta:

¿Tiene la Tierra Pura una nacionalidad? ¿Es la Tierra Pura vietnamita o china?

Respuesta:

Ninguna de las dos.

Yo soy vietnamita y practiqué bajo maestros chinos y vietnamitas. Yo explico el budismo en inglés con traducción a los dos idiomas. La mayoría de nuestras conferencias están traducidas al vietnamita y al chino.

Yo hablo inglés para corresponder la generosidad y amabilidad de las personas americanas por sostener mi práctica. Espero hacer mi Dharma disponible en chino y vietnamita para corresponder la bondad y compasión de mis difuntos maestros.

Tenemos seguidores que hablan japonés, español, francés y otras lenguas.

El budismo no conoce fronteras nacionales o políticas. Es importante ser consciente de que cada tradición de budismo tiene sus ventajas y fortalezas propias.

Siendo americano, prefiero escoger y aprender lo mejor de cada tradición, sea taiwanesa, camboyana o rusa. Quiero aprender de lo mejor y no me conformaré con menos. Esta es la clase de Mahayana que propagamos.

Desarrollar la Habilidad para Recitar el Nombre de Buda

Pregunta:

¿Cómo puedo aumentar mi habilidad de recitación?

Respuesta:

Si lo que quiere decir es cómo puede aumentar su samadhi de recitación, entonces lo que necesita es la metodología adecuada.

No puede esperar hacerlo bien a menos que tenga la técnica apropiada, del mismo modo que necesita una receta excelente para cocinar el plato más sabroso.

Lo importante es encontrar un maestro competente. Él hará mucho más por usted de lo que usted pueda darse cuenta, lo menor de ello será asegurarse de que usted progresa con su práctica.

Con los buenos maestros nunca malgastará su tiempo.

Especialización

Pregunta:

La mayoría de los maestros recomiendan que nos especialicemos en recitar el nombre de Buda, i.e. practicar la Tierra Pura. ¿Por qué aboga usted por los dos, Tierra Pura y Chan?

Respuesta:

Nosotros usamos las técnicas de entrenamiento Chan para mejorar las habilidades de recitación de nuestros estudiantes. Parece funcionar muy bien.

Las técnicas avanzadas de entrenamiento Chan parecen ayudar a aquellos estudiantes con mayor potencial de progreso mucho más rápidamente a lo largo de los años.

Si usted entiende ambos, Chan y Tierra Pura, verá que son, en realidad, una y la misma cosa. Hasta que usted comprenda, siga las instrucciones y con el tiempo llegará allí.

Demasiado Joven para Practicar la Tierra Pura

Pregunta:

¿Recomendaría la Tierra Pura a gente joven?

Respuesta:

Sí, lo recomendaría para personas de todas las edades.

Un discípulo mío americano tiene un primo primero que vive en el Sudeste asiático. Él sólo tenía 23 años cuando el coche de su vecino atropelló su motocicleta y lo mató.

Aquí, en los Estados Unidos, he encontrado familias que tienen parientes que murieron repentinamente cuando tenían alrededor de 30 años, en la flor de la vida.

Como nosotros budistas decimos: el fantasma de la impermanencia puede llegar en cualquier momento.

Mis discípulos han invertido en placas de renacimiento para sus hijos que apenas tienen tres años de edad.

Abstenerse de Comer las Cinco Plantas de Olor o Sabor Intenso[11]

Pregunta:

¿Deberíamos abstenernos de comer cebollas y ajos?

Respuesta:

Sí.

Hacerlo le hará progresar mucho en su práctica de recitación.

De hecho, las personas que han dejado el hogar y son serias en lo que respecta a ayudar a otros a obtener el renacimiento en la Tierra Pura Occidental de Dicha, deberían tener cuidado de evitar comer las plantas de olor o sabor intenso, cebollas, cebolletas, ajos, puerros, chalote y otros miembros similares de las familias de ajos y cebollas porque son perjudiciales para nuestra efectividad.

Ayudar en la Recitación para Fallecidos

Pregunta:

¿Es algo bueno participar en sesiones de recitación de ayuda, donde los grupos de practicantes recitan por aquéllos que han muerto recientemente?

Respuesta:

Es una bonita tradición y un buen gesto que la gente quiera ayudar a los que han fallecido con sus oportunidades de renacimiento. Pero está lleno de problemas, particularmente porque hacerlo así significa que estamos inmiscuyéndonos directamente en los asuntos de otros.

Poca gente se da cuenta de que el fallecido está sujeto a ataques de sus acreedores pasados que no desean que escape. Aquí estamos inmiscuyéndonos en el pago de la deuda. ¿Cómo se sentiría si fuese uno de los acreedores?

Los monjes y monjas que están entrenados en ayudar a los fallecidos recitando mantras y oraciones para placas de renacimiento y en generar bendiciones, son profesionales en este aspecto. Estos esfuerzos también son una inmiscusión, pero a través de su entrenamiento están preparados para manejar esto y tienen cierto nivel de protección que la persona común no tiene. Si usted escoge inmiscuirse tomando parte en estos grupos de recitación de ayuda, debería saber que eso trae consecuencias: puede verse objeto de venganza.

Espero que su templo tome medidas para protegerlo a usted contra posibles venganzas de los acreedores. Si no lo hacen, usted podría estar en peligro. ¿Cómo sabe si lo hacen? Usted no debería tener que preguntar.

Ellos deberían informarle a usted y decirle los pros y contras si usted participa. Si no lo hacen, es probable que no puedan protegerlo.

Practicar el Budismo de la Tierra Pura Por Uno Mismo

Pregunta:

Uno de los mayores objetivos de la práctica de la Tierra Pura es obtener el renacimiento. ¿No es mejor quedarse en casa, concentrarse en la práctica y minimizar la contaminación por otros?

Respuesta:

No. Si usted quiere practicar la Tierra Pura, debe aprender las técnicas adecuadas. Estará mejor equipado con la guía apropiada de un maestro competente.

Le recomiendo no practicar por sí mismo hasta que su maestro se lo aconseje.

Yo abogo por la Gran Asamblea del Dharma: una técnica de entrenamiento especial y maravillosa que se usa en nuestro templo. Es, con diferencia, mejor que practicar por sí mismo.

Finalmente. Practicar es bueno. Progreso continuo en su práctica mejor.

Un monje, que es un hermano mío en el Dharma, quería simplemente practicar. Su familia le compró una pequeña casa en el desierto de manera que pudiera practicar sin interrupciones. Él ha estado haciéndolo así ya durante años, y no ha hecho progreso alguno. De hecho, ha retrocedido un poco porque su ego ha crecido. Rehúsa a escuchar a otros.

Depender de la Ayuda de Otros

Pregunta:

Algunos son perezosos. Desean el renacimiento en la Tierra Pura Occidental de Dicha. Se hacen con una placa de renacimiento para acumular bendiciones de renacimiento. ¿No les hará esto complacientes y dejarán de tomarse en serio la recitación del nombre de Buda, porque piensan que esto no hará mucha diferencia?

Respuesta:

Eso no debería ocurrir si las bendiciones de renacimiento generadas son de alta calidad.

Cuando las bendiciones de renacimiento se acumulan a niveles significantes, los beneficiarios cambiarán para mejor. Si no, no haría daño considerar un cambio de lugar.

Desafortunadamente para usted, no hay agencias de calificación. Yo no le recomendaría ningún tipo de calificación en estas materias de renacimiento, porque la gente que entiende, nunca califica a otros.

Desear Sólo Recitar el Nombre de Buda

Pregunta:

Yo practico la recitación del nombre de Buda. Si también hago postraciones de arrepentimiento, recito sutras, mantengo mantras etc. ¿No sería eso contraproducente? ¿No causaría eso discontinuidad en mi recitación y me dificultaría conseguir una mente enfocada en un solo punto?

Respuesta:

No, en absoluto. Su problema no es lo que usted debería hacer; es cómo debería hacerlo.

No hay superior o inferior en las prácticas de la Tierra Pura. Usted no puede decir qué Puerta del Dharma es la mejor para usted. Su Buen Consejero Conocedor está en una posición mejor para decirle en qué especializarse.

Practicar el budismo de la Tierra Pura no es meramente recitar sólo el nombre de Buda. Es un malentendido común para practicantes budistas que han aprendido por sí mismos y sólo han aprendido de libros. Todos parecen pensar que necesitan especializarse en una Puerta del Dharma, de modo que puedan alcanzar la mente concentrada en un solo punto.

Lo que los libros olvidan de mencionar es que no se supone que usted deba especializarse en una práctica en particular ¡hasta que su Buen Consejero Conocedor le diga que lo haga!

Ayudar a Padres Fallecidos Hace Más de 30 Años

Pregunta:

Nuestros padres fallecieron hace más de 30 años. Si obtenemos placas de renacimiento para ellos, ¿cómo podría ayudarles si ya han renacido como humanos [que son incapaces de cultivar el Dharma]? ¿Les ayudaría si no saben cómo cultivar o no creen en el budismo? ¿Qué ocurre si cayeron en uno de los tres senderos malignos?

Respuesta:

Obtener placas de renacimiento para ellos es como abrir una cuenta bancaria de modo que sus bendiciones de renacimiento puedan ser depositadas periódicamente. Cuando las bendiciones de renacimiento son adecuadas, ellos obtendrán el renacimiento cuando las condiciones sean favorables.

También puede usted dedicarles el mérito de su cultivo, pero si realmente quiere ayudarles, entonces las placas de renacimiento son la forma de hacerlo. Esto le permitirá contratar "ayuda profesional" de gente que ha dejado el hogar y han sido entrenados para marcar la diferencia.

No hay garantía. Usted tiene que encontrar el mejor método posible de ayudarlos. Siéntase satisfecho con intentar lo mejor para ayudar. Por lo menos, puede hacer algo por ellos. Hágalo mientras aún puede. Por ejemplo, los animales no pueden hacer mucho por sus padres.

Cuantas más ofrendas haga, antes obtendrán ellos el renacimiento.

¿Pueden los Homosexuales Obtener el Renacimiento?

Pregunta:

¿Puede entrar la gente gay en las Tierras Puras?

Respuesta:

Sí, pueden.

Los Budas no discriminan como nosotros hacemos. Ellos darán la bienvenida a cualquiera que tenga suficientes bendiciones para llegar a sus tierras.

Yo añadiría que ellos también serán mucho más felices en las Tierras Puras.

Budistas Homosexuales

Pregunta:

¿Pueden ser budistas las personas gays?

Respuesta:

Sí. Ellos también tienen la naturaleza de Buda y pueden alcanzar la Budeidad. El camino más directo a la Budeidad es hacerse budista y observar los preceptos.

¿Recitar en Voz Alta o en Silencio?

Pregunta:

Un monje me dijo que recitar el nombre de Buda en voz alta tiene más mérito. Otro me dijo que recitar el nombre de Buda en silencio es más meritorio. ¿Quién tiene razón?

Respuesta:

Ninguno de los dos.

Uno de sus objetivos principales es practicar la recitación del nombre de Buda. No importa cómo llegue a conseguirlo. Si recitar en voz alta le ayuda a concentrarse mejor, entonces indudablemente debería hacerlo. Por otro lado, la recitación en silencio podría funcionar mejor quizás cuando usted está cansado o su voz se pone ronca.

Comentario a la Respuesta:

Permítame clarificar. Ellos no son mis maestros.

Respuesta:

Usted parece estar apegado a la marca de ser su maestro o no ser su maestro.

Problemas y Dificultades

Pregunta:

Llevo una vida decente. ¿Por qué tengo todavía tantos problemas y dificultades?

Respuesta:

Esas dificultades son deudas kármicas de vidas anteriores. Esa es la razón por la que la gente sabia teme plantar causas malas, mientras que la gente ignorante sólo teme los resultados indeseados.

Víctima de Guerra

Pregunta:

Si hay una relación directa entre causa y efecto, entonces ¿por qué sufrí las consecuencias de la guerra, aunque yo no quería ir a la guerra, ni escogiese hacerlo?

Respuesta:

Hay dos tipos de retribuciones:

1. Retribución propia: sólo usted mismo soporta las consecuencias.

2. Retribución común: un grupo debe soportar las consecuencias de una acción kármica en masa, como una guerra o una hambruna.

Cuando estamos angustiados por el conflicto o la hostilidad que percibimos de individuos o grupos, como partidos políticos, corporaciones, y organizaciones sociales, debemos dejar de culparles a ellos y encontrar un terreno común con ellos.

Debemos aprender a trabajar juntos y funcionar de forma armoniosa, en lugar de insistir en que nosotros somos los únicos que tenemos razón. Estamos mutuamente interconectados.

Contra el Progreso

Pregunta:

Para progresar necesitamos trabajar duro y luchar por ello. El budismo parece demasiado pasivo. ¿Está Buda contra el progreso?

Respuesta:

Buda no está contra el progreso. Él sólo está contra el progreso al precio de esclavizarse uno mismo o destruir a otros. El progreso es deseable cuando se gana constructivamente. No hay progreso real si incluye esclavitud o crueldad en la persecución de nuestras metas.

¿Por qué los Estudiantes de Meditación no Recitan el Nombre de Buda?

Pregunta:

Entiendo que una de las metas del cultivo es evitar la catástrofe de caer en uno de los tres senderos malignos. ¿Por qué es que los cultivadores de Chan no recitan el nombre de Buda?

Respuesta:

No puedo responder por ellos. Tendrá que preguntarles usted mismo.

Puedo decirle, sin embargo, cómo siento yo al respecto.

Cuando cultivamos, deberíamos ser cuidadosos en no volvernos excesivamente seguros de nosotros mismos.

A menos que los estudiantes Chan estén seguros de que se iluminarán en esta vida, harían mejor en recitar el nombre de Buda y buscar el renacimiento en la Tierra Pura al final de esta vida misma.

Sí, los que tienen cierto potencial y tienen la voluntad de trabajar duro, pueden esforzarse por alcanzar la iluminación en esta vida. Pero ya hemos tratado de cuán difícil es tener éxito con esta meta, y nunca hay garantías. Así pues, recomendaría tener un seguro contra el fracaso, recitando el nombre de Buda.

Otros Expedientes de Irreversibilidad

Pregunta:

Recitamos el nombre de Amitabha para obtener la irreversibilidad. ¿Hay algún otro expediente?

Respuesta:

Una vez que lleguemos a la Tierra Pura obtendremos la irreversibilidad. Por ello, la Escuela de la Tierra Pura tiene muchos dharmas para ayudarle a obtener el renacimiento, distintos a la recitación del nombre de Buda; por ejemplo, uno puede realizar postraciones de arrepentimiento, mantener mantras de renacimiento, hacer transferencias para adornar la Tierra Pura, recitar sutras, etc.

Manifestaciones Extrañas Mientras se Recita el Nombre de Buda

Pregunta:

Cuando recito el nombre de Buda por la tarde, a menudo noto manifestaciones extrañas. ¿Puede decirme por qué?

Respuesta:

Es probablemente debido a seres invisibles.

Recitar el nombre de Buda es muy beneficioso para los seres de la zona. Por ello pueden venir a mostrarle su gratitud por ayudarles a plantar semillas de renacimiento.

Por ejemplo, había una persona que había tenido algunos abortos. Ella se sentía a menudo incómoda, como si fuese acosada mentalmente. Cuando reprodujo nuestro audio de recitación de Buda, los ruidos inmediatamente pararon. A veces sentía como si alguien le acariciase los brazos. Si hablaba en alto, diciéndoles que se comportasen para recibir nuestra ayuda de renacimiento, dejaban de causarle problemas.

No es infrecuente para seres invisibles manifestar fenómenos para llamar nuestra atención cuando desean pedir ayuda para alcanzar el renacimiento y terminar sus miserias.

Aborto

Pregunta:

Yo tuve un aborto. Cuando recito el Sutra Almacén de la Tierra, ¿qué tengo que hacer para transferir el mérito y la virtud a mi hijo?

Respuesta:

Los niños abortados experimentan gran sufrimiento y todavía permanecen alrededor de sus padres porque:

1. Aman a sus padres

2. También odian a sus padres por causa del acto cruel.

Por eso, necesita generar bendiciones para ayudarles a obtener la liberación de su miseria.

Recitar el Sutra Almacén de la Tierra es muy beneficioso para el bebé. Debería recitar el sutra tres veces y transferir el mérito y la virtud al bebé. Esto tiende a generar ayuda para sacar al bebé de los Tres Senderos Malignos.

Mejor aún, podría considerar solicitar una placa de renacimiento de un templo Mahayana para ayudar al bebé a renacer en la Tierra Pura con el Buda Amitabha mismo, en lugar de continuar dando vueltas en la Rueda.

Usar Cuentas de Recitación Mientras se Habla

Pregunta:

A menudo uso cuentas de recitación mientras escucho las conferencias de los sutras o hablo a otras personas. ¿Es eso apropiado?

Respuesta:

Las cuentas de recitación son herramientas excelentes para recordarnos de estar conscientes del nombre de Buda.

Sin embargo, no debería imitar a otros y usar las cuentas de recitación sin pensar.

El método adecuado de usar las cuentas de recitación es que, cada vez que usted mueve una cuenta, usted recita el nombre de Buda una vez. Gradualmente, su recitación se vuelve automática. Esto es diferente a, simplemente, de forma física, mover las cuentas sin recitar o sin ser consciente del nombre de Buda, como la mayor parte de la gente hace.

Por ello, si lo hace correctamente, puede usar las cuentas de recitación mientras escucha conferencias o habla con otros.

Personalmente, a mí no me gusta usar las cuentas de recitación porque revela que estoy recitando el nombre de Buda: eso podría interpretarse como que hago publicidad de mí mismo.

Yo prefiero practicar de un modo discreto, evitando llamar la atención sobre mí mismo. El cultivo real es no hacerse notar entre los demás mientras se practica.

Usar las Cuentas de Recitación

Pregunta:

¿Cómo debería usar las cuentas de recitación, especialmente cuando llego a la cuenta superior?

Respuesta:

Las cuentas de recitación pueden usarse entre el dedo pulgar, el dedo índice y el dedo medio como en las figuras adjuntas.

Cuando llegue a la cuenta especial en la parte superior, no hay necesidad de hacer algo especial. Uno debería dejar de diferenciar cuentas cuando recita el nombre de Buda.

Si usted tiene gongfu real, incluso aunque llegase el Buda, no le prestaría atención o se excitaría.

Practique la recitación del nombre de Buda sin ningún tipo de discriminación; esto le hará mucho más fácil entrar en el Samadhi de Recitación de Buda.

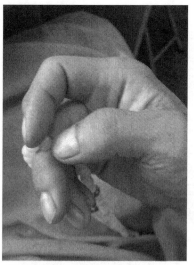 

Acreedores Pasados

Pregunta:

¿Es correcto asumir que las heridas externas son resultado de ofensas pasadas?

Cuando me concentro en recitar el nombre de Buda, encuentro muchas obstrucciones. Me aconsejaron actuar de acuerdo con las circunstancias y transferir el mérito de la recitación a mis acreedores pasados. ¿Cuál es la manera correcta de actuar?

Respuesta:

¡Correcto! Herirse es la retribución por karmas pasados.

Cuando se recita el nombre de Buda, o cuando se cultiva en general, uno encuentra obstrucciones y dificultades. Las pruebas pueden venir de unas pocas maneras:

1. Obstrucciones kármicas: por ejemplo, la naturaleza de su trabajo no es fácil de realizar.

2. Obstrucciones de retribución: por ejemplo, usted obstruyó el cultivo de alguien en el pasado, ahora él vuelve para obstruirle a usted. Este caso suele llamarse generalmente obstrucciones de acreedores pasados.

3. Obstrucciones por aflicción: aunque las obstrucciones y dificultades no sean una gran cosa, usted, a pesar de todo, siente que son una gran cosa, se aflige mucho, y abandona.

No tengo muy claro a lo que se refiere con "de acuerdo con las circunstancias" en este contexto. Debería aclararlo con la persona que se lo dijo.

Cuando se encuentre con obstrucciones o resistencia, debería soportarlo pacientemente en lugar de quejarse o afligirse. ¿Cómo puede usted progresar sin aprender a resolver los problemas? ¿Puede usted obtener un diploma sin pasar el examen?

Un Buen Consejero Conocedor puede enseñarle o ayudarle a aprender cómo tratar las obstrucciones para hacer progresos. En cada nivel, los cultivadores encuentran diferentes tipos de obstrucciones que requieren medidas en contra específicas, y no puede generalizarse.

49-Días para Cristianos

Pregunta:

Hola:

Soy un cristiano devoto.

Mi madre falleció recientemente y estoy muy interesado en el concepto budista del periodo de 49 días.

¿Qué puedo hacer para ayudar a mi madre que desea estar cerca de Dios?

Respuesta:

Mis condolencias.

Las enseñanzas budistas sobre el periodo de 49-Días explican lo que les ocurre a la mayor parte de las personas cuando mueren.

Durante el periodo de 49-días tras la muerte de su madre, usted puede ayudar a su causa para obtener una vida mejor, por ejemplo, usted podría donar dinero a la caridad o ayudar en la construcción de una capilla nueva para su iglesia.

Eso le resultará de gran ayuda en su vida futura y en conseguir lo que ella desea.

Mis mejores deseos.

¿Budas Anteriores a Amitabha?

Pregunta:

¡Emituofo! Saludos para usted, Maestro. He estado pensando sobre esto durante mucho tiempo. Por favor, ayúdeme a aclararlo.

Ven. Maestro, en el budismo, ¿qué Budas se convirtieron en Budas antes de Amitabha? Por favor, instrúyame amablemente.

Emituofo.

Respuesta:

Incontables Budas se convirtieron en Budas antes de Amitabha.

¿Por qué debería importarle eso?

La consideración más importante para usted debería ser qué hacer en esta vida para llegar a convertirse en un Buda rápidamente usted mismo.

Comer Carne y Recitar el Nombre de Buda

Pregunta:

Ven. Maestro!

Por favor, ayúdeme a aclarar lo siguiente:

1. He estado recitando el nombre de Buda por bastante tiempo, pero debido a problemas de agenda en el trabajo, no he podido hacerlo a horas específicas. Normalmente recito el nombre de Buda todo el tiempo y en todas partes: sea caminando o trabajando con las manos. Me pregunto si tales recitaciones serían o no beneficiosas en absoluto

porque temo que he estado más bien llamándolo en vez de recitando su nombre.

2. A menudo mientras como carne y pescado recitaría su nombre: ¿estaría cometiendo ofensas? Mi pregunta es, si recito el nombre de Buda, aunque no sea vegetariano, ¿cometería ofensas?

Espero que amablemente pueda instruirme.

Respuesta:

Gracias por compartir sus preocupaciones con nosotros.

1. Usted hace bien recitando el nombre de Buda cuando puede durante el día. Sería más beneficioso recitar su nombre con el mayor respeto y fe, porque su nombre representa el pensamiento más amable y más bueno que su mente pueda formular.

2. No hay ofensa al recitar el nombre de Buda mientras se come. Cuando se acostumbre más a ello, de manera natural perderá el deseo por la carne y el pescado porque se volverá más compasivo y puro.

Enfermar por Recitar el Nombre de Buda para Otros

Pregunta:

Maestro:

Nuestro lugar del Camino tiene muchos miembros. Por esa razón a menudo tenemos que participar y recitar en beneficio de la familia y parientes fallecidos de los miembros.

¿Realmente ayuda el recitar continuamente durante 8 horas seguidas?

Cada vez que voy, caigo enfermo. ¿Es por causa del excesivo qi yin?

¿Qué podemos hacer para evitar tener problemas cuando recitamos para otros? No podemos decir que no.

Respuesta:

Cuanto más recite, mejor, porque más mérito y virtud se crea en beneficio del fallecido. No hay nada mágico en lo que respecta a las 8 horas. Lo que es importante es crear bendiciones en el periodo de 49-días.

Si escoge proporcionar asistencia de recitación, entonces debe estar preparado para pagar las consecuencias de inmiscuirse en los asuntos de otro.

Desearía que las personas laicas fuesen más cuidadosas y no se involucrasen en este tipo de ceremonias de asistencia de recitación. Es un asunto serio, y requiere la guía de personas que han dejado el hogar. Y más importante, miembros de la sangha, que entienden realmente la seriedad de este proceso espiritual, le protegerán automáticamente porque le están pidiendo ayuda para inmiscuirse en los asuntos de otro, lo que resultará en una retribución kármica. Si personas que han dejado el hogar le piden ir a ayudar a recitar sin explicarle las consecuencias u ofrecerle protección a usted, entonces debería considerar su participación.

Si usted siente que no puede rehusar sus peticiones, entonces debería preguntarse si realmente está ayudando en algo.

Es mucho mejor rehusar respetuosamente la confianza que equivocadamente han puesto en usted. Explíqueles el crítico tránsito al que se enfrenta el fallecido y aconséjeles buscar ayuda efectiva en vez de optar por un "show" para la familia viva, que no es de mucha ayuda al fallecido. Transferir la petición de asistencia a quienes están cualificados, es mucho mejor que someterse a sus deseos desinformados.

Desear Sólo Recitar el Nombre de Buda y Postrarse

Pregunta:

Ven. Maestro:

Espero que me instruya, porque yo no sé mucho de budismo.

Por las mañanas, me gustaría postrarme ante el Buda durante 15 minutos, pero no deseo recitar los Sutras. ¿Puedo sólo recitar el nombre de Buda y postrarme ante él?

Gracias por sus instrucciones.

Respuesta:

Lo está haciendo bien.

Yo sugeriría tener en cuenta las siguientes consideraciones de carácter menor:

1. Por favor, escuche audios sobre el Dharma Correcto. Por ejemplo, escuche mientras conduce camino del trabajo: eso le ayudará a estar más expuesto al Mahayana a la vez que minimizará su pensar-falso. En particular, debería escuchar todos los ficheros de audio de las Charlas del Dharma de mi difunto maestro, porque son muy profundas.

2. Asegúrese de dedicar el mérito y la virtud de su cultivo diario.

Si hace lo sugerido, con el tiempo, disfrutará mucho más postrándose ante el Buda y recitando el nombre de Buda. Y, naturalmente, también le gustará recitar Sutras, como el Sutra Corto sobre Amitabha. ¡Siga con el buen trabajo!

Cometiendo Mal Karma Cerca del Momento de la Muerte

Pregunta:

Ven. Maestro,

Emituofo!

Puedo preguntar: si uno recita el nombre de Buda durante toda su vida, aspirando a obtener el renacimiento en la Tierra Pura Occidental de Dicha, pero en la hora de muerte surgen karmas malos, ¿puede obtener uno aun así el renacimiento?

Por favor, instrúyanos para el beneficio de todos los seres vivos.

También, si mientras se está con vida uno no sabe acerca de la Puerta del Dharma de la Recitación de Buda, ni cree en la Triple Joya, sin embargo, a la hora de la muerte, encuentra un Buen Consejero Conocedor, y uno consigue dejar todo a un lado y recita el nombre de Buda con la mente concentrada en un solo punto, y surgen karmas buenos, ¿es posible obtener el renacimiento?

Respuesta:

No estoy seguro de por qué formulan este tipo de preguntas cuando pueden encontrar la respuesta en los libros. Debería consultar los Libros de la Tierra Pura para las respuestas típicas. Sin embargo, por su solicitud, haré algunas observaciones.

1. El punto crítico es lo que sucede en el momento de la muerte. Si usted encuentra fuertes obstrucciones kármicas, incluso aunque haya llevado una vida sana, es muy improbable que obtenga el renacimiento. Esa es la naturaleza de las obstrucciones kármicas: usted no puede superarlas.

2. Los libros de la Tierra Pura le dirán que en el caso que describe, sí, es probable que obtenga el renacimiento en la Tierra Pura. Yo creo que es por la ayuda que recibirá del Buen Consejero Conocedor en ese momento crucial; muy raramente ocurrirá por su recitación del último minuto. Además, si usted no es creyente, ¿qué probabilidades tiene de encontrar un salvador budista como ése? Por lo tanto, las oportunidades de renacimiento de esta persona son incluso menores que las del primer caso.

Debería comprender que la forma más directa y más fácil de obtener la liberación es mediante la Puerta del Dharma de la Tierra Pura. Esto es así porque uno puede obtener el renacimiento en la Tierra Pura, si uno puede conseguir la ayuda apropiada. Más específicamente, si usted tiene bendiciones con la Puerta del Dharma de la Tierra Pura, bien por la acumulación durante la vida presente, o de vidas anteriores, usted puede encontrar un monje o una monja que puedan asistirle en su renacimiento.

Finalmente, lamento sonar como un contradictor, pero en mis 20 años de experiencia con el Mahayana, he aprendido que es casi imposible obtener el renacimiento en la Tierra Pura mediante los esfuerzos propios. Esa es la razón por la que he visto a muchas personas fallar. En otras palabras, si le dicen que es bastante fácil obtener el renacimiento en la Tierra Pura, ¡debería buscar una segunda opinión!

Fe Religiosa

Pregunta:

Venerable Maestro:

Me enfrento a un conflicto muy serio. Mi padre es seguidor de la Fe Cao Dai, mientras que mi madre es budista.

Cuando era pequeño, solía ir a un templo Cao Dai para hacer contribuciones. Ocasionalmente también seguía a mi madre al templo para postrarme ante los Budas. Más tarde, cuando crecí, ya no frecuenté el templo Cao Dai sino que acompañaba a mi madre al templo budista en los días de mitad de mes de los meses lunares.

En mis sueños, a menudo me veo a mí mismo volando por el cielo, caminando sobre el agua o sobre las puntas de las hojas de hierbas. A veces, soñaba que estaba en el templo Cao Dai pero yo era como una presencia invisible, porque nadie me prestaba atención. Me quedaba por allí, pero no podía participar en ninguna ceremonia completa. A veces, soñaba con el Buda y con el Bodhisattva Guan Yin: entonces me arrodillaba ante ellos y recitaba el nombre de Buda.

Ahora, desearía tomar refugio con la Triple Joya, pero mi madre no quiere oír de eso y quiere que siga la religión de mi padre. Aunque todavía tengo fe en ambas religiones, prefiero ser budista.

Por favor, ¿podría amablemente aconsejarme? ¿Qué debería hacer?

¡Muchas gracias!

Respuesta:

Mi maestro, el difunto patriarca, Ven. Xuan-Hua, dice que, de todas las religiones, ninguna está fuera del budismo.

Esto es porque:

1. Fundamentalmente, todas las fes religiosas promueven la bondad. Toda la bondad que se enseña en las otras religiones está abarcada por la bondad budista.

2. El budismo abarca todo.

3. El Gran Maestro no discrimina.

Como usted todavía no es no-discriminante, le propongo lo siguiente:

1. Es muy bueno tener una fe religiosa. Eso proporciona equilibrio en la vida. Por ejemplo, los católicos van a la iglesia los domingos porque les ayuda a tomar contacto con la bondad inherente en ellos, en vez de gastar ese tiempo maquinando cómo servir a sus egos insaciables.

2. Como usted todavía vive en casa, no es aconsejable ir contra los consejos de sus padres. Si usted está muy seguro de querer actuar de acuerdo con sus creencias religiosas ¿por qué debería convertirse a la fe Cao Dai en absoluto? Simplemente, mantenga el statu quo ya que sus dos padres están de acuerdo con él.

3. Usted debería hacerse budista cuando se mude fuera de casa y asegure su independencia financiera. No hay prisa ¿o sí? Mientras esté en el lado del bien, ya está actuando como un budista. Los budistas practican discretamente, no necesitan hacerse publicidad.

4. Una vez que haya asegurado su independencia, entonces será tiempo para usted de comenzar a decirles amablemente a sus padres acerca de su deseo de no querer forzar nunca la religión de sus hijos y de que usted respeta en ellos la religión que han escogido.

5. Asegúrese de que sus esposas potenciales respeten su fe personal. Los que no tienen respeto por las religiones no son buenas parejas a largo plazo. La mayor parte de ellos se convierten en padres poco adecuados, en parte porque no son buenos modelos para la próxima generación.

Cómo Hacer Votos

Pregunta:

Ven. Maestro,

Por favor, enséñeme cómo hacer votos.

Muchas gracias.

Respuesta:

Cuando uno actúa por su cuenta, los votos pueden hacerse con la mayor sinceridad ante los Budas y Bodhisattvas.

Sin embargo, los votos hechos bajo la guía de un Buen Consejero Conocedor estarán hechos de manera más correcta, porque él o ella pueden aconsejarle acerca de qué clase de votos son apropiados. Él o ella pueden guiarle en cómo realizar sus votos para perfeccionar este Paramita.

En general, no dudaría en hacer el voto de encontrar un Buen Consejero Conocedor del que aprender el Mahayana; vale cualquier precio encontrar un maestro tal. Después, no ahorraría en gastos o esfuerzo para visitarlo o visitarla para su instrucción.

Los que son realmente sinceros, con toda seguridad serán enseñados.

Máquina de Recitación de Buda

Pregunta:

Ven. Maestro:

Yo practico la Puerta del Dharma de la Tierra Pura y tengo un par de preguntas que espero que pueda ayudarme a aclarar.

- Cuando me voy a la cama, dejo la máquina de recitación de Buda encendida. ¿Hay alguna diferencia entre las semillas de recitación de Buda plantadas durante el sueño con las que se plantan despierto?

- Con frecuencia escucho la máquina de recitación de Buda. De vez en cuando tengo la urgencia de recitar el nombre de Buda, y entonces utilizo el sonido de recitación de la máquina. ¿Cómo afecta eso a mis oportunidades de renacimiento?

- Cuando recito el nombre de Buda mi mente se encuentra fría y refrescada y, a menudo, me siento lleno de energía.

¿Es ese estado realmente la ayuda del Buda y los Bodhisattvas como se describe en los sutras? Sin embargo, algunos CDs dicen que ese estado es el resultado de ser tocado por seres yin.

Por favor, explíqueme para dejar de preocuparme y tener dudas.

Finalmente, le deseo salud y dicha para que pueda alcanzar rápidamente la realización del Camino.

Emituofo

Respuesta:

Dejar la máquina de recitación de Buda encendida por las noches es una cosa buena. Continuará plantando semillas de recitación en su psique. Desde luego, no es tan efectivo como escuchar la recitación mientras está despierto, que es cuando las semillas de recitación tienen más poder de samadhi por naturaleza.

Cuanto más recite el nombre de Buda, más bendiciones de renacimiento tendrá.

La clave no está necesariamente en la cantidad, sino en la calidad de su recitación. Así pues, cuando se concentra en su recitación, las bendiciones de renacimiento son mayores. Esta es la razón por la que, cuando entrenamos a nuestros estudiantes para cultivar la Puerta del Dharma de la Tierra Pura, enfatizamos el desarrollo del samadhi de recitación de Buda, mediante la técnica apropiada.

En vez de consultar los distintos recursos indiscriminadamente, debería en su lugar escoger autoridades apropiadas en materia de la

Tierra Pura. Yo, personalmente, no malgastaría el tiempo con materiales, a menos que provengan de un Patriarca budista.

Por ejemplo, el CD en el que se basa lo que afirma respecto a los seres yin está totalmente equivocado. Yo descartaría todos los materiales que provengan de esa fuente.

¿Por qué el Cultivo Paralelo de Chan y Tierra Pura?

Pregunta:

Saludos Ven. Maestro,

Yo practico la recitación del nombre de Buda.

¿Por qué aboga usted por el Cultivo Paralelo de Chan y Tierra Pura? ¿No haría eso más difícil conseguir una mente concentrada en un solo punto?

Emituofo,

Respuesta:

¡Bien por usted!

Hace algunos años, comencé a enseñar Chan en mi salón.

Después, unos años más tarde, decidí enseñar el Cultivo Paralelo de Chan y Tierra Pura por estas razones:

1. Me di cuenta de que la mayoría de los estudiantes de Chan no conseguirían atravesar la Puerta del Dharma del Chan en esta vida. Por ello les insté a practicar la recitación del nombre de Buda como una póliza de seguros.

2. También, la mayoría de las personas que recitan el nombre de Buda no saben cómo alcanzar el Samadhi de Recitación de Buda. Su enfoque del cultivo no los llevará a una mente concentrada en un solo punto. Por eso les insté a entrenar también nuestra metodología Chan Mahayana.

Si usted se siente seguro de alcanzar la mente concentrada en un solo punto mediante el método de Recitación de Buda, siga con ello.

Con todo, ¿consideraría usted esta sugerencia?

El hecho de que usted me haya preguntado, muestra que usted no sabe aún cómo conseguir una mente concentrada en un solo punto. Los que saben, nunca considerarían el preguntarme.

Problemas para Creer el Dharma de la Tierra Pura

Pregunta:

Ven. Maestro:

Encuentro muy difícil de creer que meramente por recitar el nombre de Buda, pueda alcanzar el renacimiento en la Tierra Pura. Mi hermano dice que los Sutras fueron alterados, y que los vídeos sobre el renacimiento usaban actores profesionales.

Respuesta:

No le culpo por ser escéptico. En lo que respecta a la autenticidad de sus fuentes, yo también sería escéptico.

Personalmente, yo creo porque mi maestro, el difunto Gran Maestro Xuan Hua así lo dijo. Él no me mentiría, ni jamás ha mentido a nadie sobre el budismo.

Además, yo consulto las Escrituras budistas originales conocidas como las Escrituras del Gran Tesoro 大藏經. Están reconocidas por todos los expertos budistas como las enseñanzas indiscutibles de Buda.

Cuando haya plantado más bendiciones con el Mahayana, usted también creerá.

Aspirar al Renacimiento en la Tierra Pura

Pregunta:

Querido Maestro YongHua:

Yo intenté meditar. No voy a iluminarme practicando 30 minutos al día. Mi mente está llena de engaños. La única esperanza es el Poder de los Otros, de Amitabha y de los Bodhisattvas. Yo quiero ir a Sukhāvatī, convertirme en un Bodhisattva y volver para salvar seres vivos. ¿Qué he de practicar por las mañanas y por las noches?

Muchas Gracias,

W-Brazil

Respuesta:

Debido a la vaguedad, no es una pregunta que pueda responderse detenidamente en la sección de Preguntas y Respuestas; pero lo intentaré.

Me da la impresión de que usted ha leído acerca del Dharma del Buda de la Tierra Pura.

Le aconsejo que escoja sus fuentes cuidadosamente. Por ejemplo, hay detractores y también devotos ciegos cuyos escritos son accesibles en Internet, pero que no son autoridades fiables. Estará mejor aconsejado consultando fuentes fiables como los Patriarcas budistas.

En particular, le recomendaría la literatura escrita por mi difunto maestro, el Gran Maestro Xuan Hua.

Además, creo necesario prevenirle ante las personas que proclaman que es fácil obtener el renacimiento en la Tierra Pura: la experiencia de enseñar sobre esto en estos últimos años me ha demostrado otra cosa.

En resumen, necesita información adecuada y aprender bajo la guía de un buen maestro. De nuevo, aténgase a los que estén cerca de la rama principal del budismo ortodoxo. Esto disminuirá sus probabilidades de extraviarse, porque como a la mayoría de la gente, a usted le resultará difícil discernir las enseñanzas correctas de las erróneas.

Si es posible para usted, le instaría decididamente a venir y asistir a nuestra semana de recitación de Buda, para aprender sobre los Principios de la Tierra Pura y el método adecuado de recitar el nombre de Buda. Esta pequeña inversión inicial, se amortizará espléndidamente a lo largo del camino.

Mis mejores deseos.

Justo a Tiempo

[Esposa nacida en 1960, tuvo cáncer de pulmón durante 6 meses. Las células cancerosas proliferaron rápidamente durante estos 6 meses causando su muerte. En el momento en que se formuló esta pregunta, sólo quedaban 2 semanas de su periodo de 49-días.]

Pregunta:

Mi esposa fue una buena persona. Ella no habría dañado intencionadamente a nadie. ¿Por qué dijo usted que estaba en su camino hacia la esfera animal?

Respuesta:

Me disculpo por haber herido sus sentimientos.

Como todavía está muy apegado a su esposa, mis palabras directas no son ciertamente de ninguna ayuda.

Pregunta siguiente:

¿No dijo que ella todavía tenía tres semanas?

Respuesta:

Ahora mismo, si nada cambia, ella, lo más probablemente, será destinada a la esfera animal. En otras palabras, eso es todo lo que la asistencia actual que usted solicitó puede hacer por ella.

Por eso es por lo que la gente que ha dejado el hogar comprende la importancia de desarrollar poder de samadhi, para ayudar a los seres vivos en horas críticas como esta. Cuanto más poder tenemos, a más gente podemos ayudar, y más lejos podemos llevarlos.

Pregunta siguiente:

Antes de que mi esposa falleciese, mi Maestro vino a ayudar. Aunque estaba muy alterado por mi pérdida, nunca dejé de recitar el nombre de Buda. Las pasadas cuatro semanas, mi Maestro y mi familia han hecho postraciones de arrepentimiento, recitado sutras y recitado el nombre de Buda en beneficio suyo. ¿Cómo es posible que ella todavía pueda caer en las esferas inferiores?

Respuesta:

Recuerde las circunstancias de su muerte. Su cáncer se descontroló a pesar de que recibió el mejor tratamiento médico posible.

Esto prueba que sus acreedores pasados son muy despiadados y pretenden hacerle daño. Parecen querer enviarla a los infiernos, los peores lugares de la tierra.

Si no hubiese sido por sus esfuerzos combinados, podría haber sido peor para ella.

Comercio Religioso

Pregunta:

El concepto de seguro trae a la mente los aspectos comerciales de la religión. ¿Y se supone que debemos creer en la idea de la Tierra Pura?

Agnóstico

Respuesta:

Obviamente usted tiene grandes dudas de que el Dharma de la Tierra Pura sea verdadero.

Los seguros le protegen contra pérdidas abrumadoras que tienen poca probabilidad de ocurrir.

Supuesto que sea altamente probable que usted tenga razón, y extremadamente improbable que esté equivocado: esto cumple el primer criterio de un seguro.

¿Es justo suponer que, si usted perdiese el control de su destino, y cayese a la esfera animal, de los fantasmas o de los infiernos, esto sería muy perjudicial para usted? ¿Y si usted estuviese equivocado sobre la Puerta del Dharma de la Tierra Pura, de la que ya se han aprovechado millones de personas, y también podría haberle ayudado a usted? ¿No sería esto devastador para su autoestima?

Cuando se haya ido de este mundo, y lo más probable es que tenga que estar frente al Rey Yama durante el periodo subsiguiente de 49-días, descubrirá que no traté de engañarle en absoluto. Pero para entonces será demasiado tarde para usted y sus seres queridos.

Si usted no lo entiende en esta vida, no se preocupe. Con el tiempo nos encontraremos de nuevo, y entonces usted me creerá. Yo puedo ser paciente: nuestro trabajo se extiende a lo largo de muchas vidas.

Glosario

12 Eslabones Condicionados: los 12 eslabones condicionados describen la secuencia de procesos causales que generan confusión en los seres vivos. Éste es un Dharma practicado por los Pratyekabuddhas; recuerde que un Pratyekabuddha es el mayor nivel de logro en el budismo Hinayana. Destruyendo los 12 sucesivos eslabones causales, empezando con el último, hasta que eliminan el primero, estos grandes cultivadores pueden eliminar la confusión y alcanzar por tanto la sabiduría transcendental.

Afinidad: afinidades son conexiones buenas con otros. Por ejemplo, cuando usted da algo a alguien, crea una afinidad con él y lo predispondrá a ser favorable hacia usted en el futuro.

Aflicción: una aflicción es algo que causa sufrimiento. Por lo que concierne al budismo, cualquier cosa que agita nuestro pensamiento y pone en marcha nuestra mente, es una aflicción.

Almacén: es una designación general de las tres clases de enseñanzas budistas, que son: 1) El Almacén de los Sutras, para el estudio del samadhi; El Almacén de la Vinaya, para el estudio de las reglas de moralidad; y 3) el Almacén de la Shastra, para el estudio de la sabiduría trascendental.

Apego: apego es el acto de aferrarse a algo o mantener algo. En el budismo en particular, se refiere a aferrarse a los propios puntos de vista y creencias. Por causa de los apegos fallamos en tener la mente abierta y la cabeza clara y, a menudo, no creemos en los buenos consejos.

Arhat: el término Arhat es una designación abreviada para un Arhat del Cuarto Estadio, que es un nivel bastante alto de logro en el cultivo. Este logro está asociado con el noveno nivel de samadhi y la capacidad de llevar la mente pensante a una parada completa a voluntad. Un Arhat es considerado como uno de los dos niveles más altos de logro en el budismo Hinayana. Los niveles anteriores al logro de la Arhateidad son denominados a menudo como Arhats del primer, segundo o tercer estadios.

Atención Plena: Atención Plena es un concepto que ha ganado popularidad en los últimos años, y tiene varios significados asociados. Estar con atención plena es mantener algo en la mente y no olvidarse de ello. El budismo de la Tierra Pura Mahayana enseña el método de estar plenamente atento en el Buda Amitabha, para lo que uno recita el nombre del Buda hasta el punto de que ya no se ve interrumpido por el pensar-falso.

Bendiciones: desde la perspectiva de causa y efecto, las bendiciones representan el buen karma que generamos haciendo el bien y produciendo actos meritorios. Por ejemplo, ayude a otros a obtener lo que quieren y usted también recibirá ayuda para obtener lo que quiere. Esto es cierto para las bendiciones en general: nos ayudan a obtener lo que queremos o necesitamos. El mal comportamiento no genera bendiciones en absoluto.

Bodhi: Bodhi es, en sánscrito, iluminación.

Bodhisattva: un Bodhisattva es un ser superior que trabaja duramente para conseguir la iluminación. Una vez conseguida, trabaja aún más duro para ayudar a otros a conseguirla.

Buda Amitabha: Amitabha es el Anfitrión que Enseña en una Tierra Pura situada muy lejos, al Oeste de nosotros. El Buda Amitabha hizo el voto de facilitarnos el escape del sufrimiento y alcanzar la dicha llevándonos a su Tierra, conocida como la Tierra Pura Occidental de Dicha. Esa es la razón por la que a menudo es asociado con el "Renacimiento", o la Puerta del Dharma de la "Tierra Pura".

Buda Maestro de la Medicina: El Buda Maestro de la Medicina es el Anfitrión que Enseña, o Buda que Enseña actualmente, de una Tierra de Buda situada muy lejos, al Este nuestro. Los budistas lo veneran porque ayuda a obtener el renacimiento en su Tierra de Buda, o cielos. Además, venerando al Buda Maestro de la Medicina, uno puede obtener también beneficios inconcebibles mientras está vivo, tales como curarse de enfermedades, o erradicar desastres, etc. Por favor, consulte nuestro *Sutra del Buda Maestro de la Medicina* para más detalles.

Buen Consejero Conocedor: es un término Mahayana para designar a un maestro sabio y benevolente.

Camino Medio: el Camino Medio es otro nombre para el budismo. El Camino Medio se diferencia de las prácticas de complacencia extrema, defendidas por el "bando de la Permanencia" o de mortificación extrema, defendidas por el "bando del Nihilismo". El Buda logró el resultado de su práctica renunciando a esas dos prácticas extremas, aplicando en su lugar la moderación en su cultivo.

Concentración de la Mente en un Solo Punto: la concentración de la mente en un solo punto es la capacidad de enfocarse en un solo pensamiento con la exclusión de todos los demás pensamientos.

Consciencia Alaya: a menudo es llamada alma; es conocida en el budismo como la Octava Consciencia, la Consciencia Alaya lleva nuestro karma de una vida a la siguiente.

Cultivo: este término usado comúnmente se refiere a la práctica de los distintos métodos budistas. Técnicas como la meditación, la salmodia, la postración y estudiar sutras son todo formas de cultivo.

Dan Tian: el concepto del *Dan Tian* se ha tomado prestado de los taoístas. Es nuestro centro espiritual de gravedad, localizado físicamente alrededor del ombligo.

Dharma: cuando se escribe con la letra "D" mayúscula, la palabra Dharma se refiere al Budadharma: las enseñanzas de Buda. Cuando se escribe con la letra "d" minúscula, tiene un significado muy general, literalmente, quiere decir 'cosa', y puede aplicarse en contextos varios.

Dharma de los 49-Días: los budistas creen tradicionalmente que durante este periodo de siete-semanas justo después de la muerte, es crucial crear bendiciones en beneficio del fallecido. Estas bendiciones pueden ayudar al fallecido a obtener un cuerpo mejor en su próxima vida o, mejor aún, obtener el renacimiento en la Tierra Pura.

Dhyana: los Dhyanas son los estados iniciales de absorción meditativa y se encuentran asociados a la Esfera con Forma. Hay cuatro niveles de concentración en el Dhyana: el Primer, Segundo, Tercer y Cuarto Dhyanas.

Dicha: la sensación indescriptiblemente buena que aparece al entrar en samadhi, un estado deseado de meditación, es dicha. Por ejemplo, entre en samadhi durante 10 minutos y la sensación puede permanecer durante varias horas después.

Diez Mil: esta frase tiene su origen en la cultura china, y denota un número muy grande.

Dualidad: el mundo tal y como lo conocemos se caracteriza por la dualidad. Todo existe en parejas de opuestos. Por ejemplo, cuando hay amor, también hay odio. Además, estas parejas siempre están cambiando: lo nuevo se hace viejo, el frío con el tiempo cambia a calor y viceversa.

Emanaciones: el concepto de una emanación se refiere a nuestra incapacidad de parar nuestra mente en la búsqueda fuera de nosotros mismos, lo que causa que nuestra vida de sabiduría decrezca. Por ejemplo, cuando nuestros órganos contactan con el mundo, nuestra energía escapa, lo que es claramente indeseable.

Engaño: también conocido como inversión, ignorancia, estupidez, etc., engaños son percepciones erróneas de los hechos. Los engaños llevan a tomar decisiones equivocadas.

Eón: véase kalpa.

Escuela Chan: una de las Cinco Escuelas del budismo chino, la Escuela Chan se enfoca en la meditación.

Escuela de la Tierra Pura: una de las Cinco Escuelas del budismo chino, la Escuela de la Tierra Pura es la más ampliamente practicada.

Escuela del Estudio: una de las Cinco Escuelas del budismo chino, la Escuela del Estudio se enfoca en el estudio de los Sutras.

Escuela de los Preceptos: una de las Cinco Escuelas del budismo chino, esta escuela pone énfasis en el estudio cuidadoso y la práctica de los preceptos, o Vinaya.

Escuela Secreta: una de las cinco escuelas principales de budismo chino, la Escuela Secreta promueve la práctica de recitación de mantras.

Esfera con Forma: la Esfera con Forma es el plano de existencia por encima de la Esfera del Deseo. Además, la Esfera con Forma se refiere al rango de niveles de concentración que pueden alcanzarse cultivando los Cuatro Dhyanas mediante la meditación. A los Dhyanas a veces se les llama también los cuatro primeros niveles de samadhi. Los seres que viven en la Esfera con Forma pueden experimentar con facilidad en concreto este rango de niveles de concentración.

Esfera sin Forma: la Esfera sin Forma es un plano de existencia superior a la Esfera con Forma. Al igual que la Esfera con Forma, la Esfera sin Forma se refiere al rango respectivo de niveles de concentración que pueden alcanzarse mediante el cultivo de los Samadhis desde el Quinto hasta el Octavo.

Esfera del Deseo: los humanos residen en la Esfera del Deseo, que es el plano de existencia caracterizado por la proliferación de deseos. Debido a que la mayoría de nosotros, residentes en la Esfera del Deseo, somos incapaces de concentrarnos de un modo sostenido, se considera que estamos "dispersos".

Esfera del Dharma: la Esfera del Dharma es un término budista para el universo completo.

Eslabones Condicionados: véase 12 Eslabones Condicionados.

Expediente: los expedientes a veces se denominan 'ingenios convenientes' o 'medios hábiles', son herramientas de enseñanza prácticas y pragmáticas, diseñadas para adaptarse al potencial de un estudiante. Los maestros sabios destacan por usar expedientes provisionales para ayudar a sus discípulos a entender.

Fe: La fe es el primero de los tres requisitos de la práctica de la Tierra Pura. Uno comienza creyendo sinceramente en la enseñanza.

Fenómeno: fenómeno se refiere a los ejemplos o manifestaciones de un principio subyacente, que en budismo se designa a menudo como noúmeno. Por ejemplo, un noúmeno podría ser la ley de causa y efecto. Un fenómeno correspondiente podría ser experimentar resultados placenteros debido al buen karma creado en el pasado.

Fo Qi: Fo es la palabra china para Buda, Qi significa siete en chino. Se denomina Fo Qi a un método de práctica de la Tierra Pura donde los participantes se reúnen y recitan el nombre de Buda durante 7 días seguidos para entrar en el Samadhi de Recitación de Buda. Es bastante efectivo.

Gongfu: Gongfu es una palabra china que significa "habilidad", y se aplica a menudo en el contexto de las artes marciales. En este libro, gongfu se utiliza de forma intercambiable con las palabras samadhi o poder de concentración.

Grado de Renacimiento: se refiere al nivel de estatus social en la Tierra Pura del Buda Amitabha. Hay nueve grados principales. El más alto de todos es el noveno grado, que es usualmente el grado de renacimiento para practicantes avanzados como los Bodhisattvas.

Guan Yin: Guan Yin es otro nombre para el Bodhisattva Avalokitesvara; hay una Puerta del Dharma especial, que fue practicada en su tiempo por el Bodhisattva Avalokitesvara, que aumenta la concentración utilizando nuestra naturaleza auditiva. Tiene su origen en la Puerta del Dharma china conocida como "Retornar la audición para escuchar la propia naturaleza 反聞聞自性", que es una técnica avanzada de meditación.

Hinayana: Hinayana es un término sánscrito que significa "Pequeño Vehículo". Vehículo se refiere a la capacidad de transportar. Pequeño denota su relativamente limitada capacidad de carga. El cultivador Hinayana se enfoca en su práctica personal, mientras que los practicantes del Mahayana, o "Gran Vehículo", desarrollan su sabiduría para salvar a todos los seres vivos.

Hui Yan: es el nombre de un monje chino al que se atribuye la fundación de la Escuela de budismo de la Tierra Pura en China. Después fue reconocido como el Primer Patriarca chino del budismo de la Tierra Pura.

Inmiscuirse: intervenir en la liquidación natural de causas y efectos pasados se conoce como inmiscuirse. Por ejemplo, en el curso natural de liquidación de nuestras deudas kármicas pasadas, dos facciones podrían enfrentarse en una lucha. Pero una tercera facción se inmiscuye y decide meterse en medio y afectar el resultado, eso es inmiscuirse.

Irreversibilidad: cuando alcance el estadio de irreversibilidad en su práctica, nunca más retrocederá en su camino a la Budeidad.

Kalpa: el término "kalpa" denota un periodo de tiempo de aproximadamente 16.000 millones de años. Un "gran kalpa" es igual a 80 kalpas.

Karma: karma es un término sánscrito que significa "acción". Hay tres tipos de karmas: los creados con nuestra mente, con nuestra boca y con nuestro cuerpo.

Las Cinco Escuelas del Budismo Chino: las Cinco Escuelas son el Chan, la Tierra Pura, la Secreta, la de los Preceptos y la del Estudio.

La Paciencia de No-Producción de Dharmas: es la designación oficial del Noveno Samadhi. Cuando uno alcanza la Paciencia de No Producción de Dharmas, no se genera ni un solo pensamiento: eso es auténtico autocontrol.

Loto-completo: en esta postura de meditación las piernas se cruzan situando primero el pie izquierdo sobre la parte superior del muslo derecho y después, el pie derecho en la parte superior del muslo izquierdo.

Maestro del Dharma: Maestro del Dharma es un término respetuoso que se refiere a los monjes, también conocidos como "personas que han dejado el hogar", que exponen el Budadharma como parte de su enseñanza.

Mahayana: Mahayana es un término sánscrito para "Gran Vehículo". Vehículo se refiere a la capacidad de llevar o transportar seres vivos a la seguridad de la liberación. Grande se refiere a la mucha mayor capacidad de carga del budismo Mahayana, en comparación con el budismo Hinayana o del "Pequeño Vehículo".

Mantra: los mantras budistas son encantos secretos que pueden comandar fantasmas o espíritus. También se conocen como tantras, son el pilar principal de la Escuela Secreta budista, que emplea mantras para conseguir la iluminación.

Mente discriminante: también denominada mente consciente o "mente pensante", en términos no budistas, la frase "mente discriminante" denota nuestra propensión a hacer discernimientos.

Mérito y virtud: mientras que uno gana mérito mediante acciones buenas, observables y visibles, uno aumenta su virtud mejorando las cualidades internas de su carácter.

Mundo: en el lenguaje budista, un mundo se refiere a un sistema de mundos completo, que corresponde a una galaxia en nuestro entendimiento contemporáneo.

Mundo Saha: el Mundo Saha es el mundo en el que vivimos. Sin embargo, en el budismo, nuestro mundo Saha se considera mucho mayor que solo un planeta. De hecho, nuestro mundo Saha corresponde a la galaxia entera de la Vía Láctea. El Buda Shakyamuni es el Anfitrión que Enseña en el Mundo Saha.

Naturaleza: también conocida como la Naturaleza Propia de uno, se refiere a la Naturaleza de Buda que todos ya poseemos. "Ver la Naturaleza" es ver la verdad y terminar así con los engaños propios.

Naturaleza Verdadera: se refiere a la Naturaleza de Buda inherente en todos los seres vivos, y a menudo se llama simplemente nuestra "Naturaleza".

Nirvana: un plano de existencia caracterizado como "No producido" o "No nacido" y "No extinguido" o "No muerto". "Entrar al Nirvana" es muy deseable, porque en ese estado, usted es su auténtico yo, totalmente puro (incorrupto) y libre de sufrimiento. Usted experimenta sólo dicha permanente. En otras palabras, usted ha escapado de la Rueda de la Reencarnación.

Noúmenos: noúmenos se refiere a los principios del budismo, en contraste con los fenómenos, que se refieren a las instancias o manifestaciones de esos principios.

Paramita: significa en sánscrito "llegar a la otra orilla" o "compleción con éxito". Los Bodhisattvas practican los Seis Paramitas como parte de su cultivo para obtener la iluminación.

Patriarca: los Patriarcas Mahayana son seres iluminados que son reconocidos por su compromiso con la propagación de una escuela particular de enseñanzas budistas.

Pensar-falso o pensamiento-falso: todo el proceso mental se considera pensamiento-falso porque se realiza con la mente consciente "falsa".

Persona que ha Dejado el Hogar: esta expresión, frecuente en el budismo, se refiere a los monjes o monjas que han renunciado a la "vida de hogar". Han hecho un voto de celibato y renunciado al matrimonio y la vida de familia.

Práctica: en el contexto del Dharma de la Tierra Pura, el término "Práctica" usualmente se refiere al tercero de los tres requisitos para el cultivo exitoso de la Puerta del Dharma de la Tierra Pura. Después de hacer votos para obtener el renacimiento en las Tierras Puras, deberíamos entrar en acción para hacer que suceda: debemos practicar. Esa es la razón por la que muchos seguidores de la Tierra Pura recitan fervientemente el nombre del Buda Amitabha, esperando obtener el Samadhi de Recitación de Buda, de modo que puedan obtener el renacimiento en su Tierra Pura.

Pratyekabuddha: un Pratyekabuddha es un sabio en la tradición Hinayana. Como los Arhats, también son capaces de parar sus pensamientos discursivos. Sin embargo, los Pratyekabuddhas tienen un nivel superior de sabiduría transcendental comparado con el de un Arhat. Alcanzan este nivel de logro practicando la Puerta del Dharma de los 12 eslabones condicionados.

Preceptos: las reglas budistas de moralidad se conocen como preceptos.

Puerta del Dharma: Puerta del Dharma es el término técnico budista para un enfoque o método de practicar el Budadharma (o "Dharma"). El budismo enseña muchas Puertas del Dharma diferentes que podemos usar para penetrar a través de nuestras barreras y obstrucciones hacia la iluminación.

Renacimiento: este término generalmente se refiere a la creencia budista de que después de la muerte, renaceremos en otro cuerpo, pero en muchos contextos, "renacimiento" se usa por los seguidores de la Tierra Pura como una abreviación para "renacimiento en la Tierra Pura".

Samadhi: generalmente, la palabra sánscrita samadhi denota la capacidad de entrar en estados de concentración; más específicamente, samadhi se refiere a los niveles de concentración que abarcan desde los Cuatro Dhyanas de la Esfera con Forma a los Cuatro Estadios de la Esfera sin Forma.

Samadhi de Recitación de Buda: un seguidor de la Tierra Pura generalmente intenta recitar el nombre del Buda Amitabha 10 veces sin que aparezca ningún pensamiento entre medio. Esta es una de las formas de samadhi, entre el gran número de tipos de samadhis, que uno puede conseguir mediante las diferentes prácticas budistas.

Sufrimiento: como en el pasado creamos ofensas, o mal karma, ahora debemos acarrear con las consecuencias y padecer sufrimiento, que puede ser físico, mental o emocional.

Sutra: sutra es un término general que designa las enseñanzas de Buda. Los budistas estudian los sutras para entender cómo cultivar el samadhi.

Talidad Verdadera: Talidad Verdadera es otro término para el Estado de Nirvana del Buda.

Tantra: el mismo significado que mantra.

Tierra de Buda: también conocida en el budismo como un mundo, cada Tierra de Buda tiene un Buda que aparece en ese mundo y actúa como Anfitrión que Enseña. Consúltese la entrada "mundo".

Tierra Pura: la frase "Tierra Pura" se usa típicamente como una abreviación de la Tierra Pura Occidental de Dicha del Buda Amitabha. Sin embargo, hay también de hecho muchas otras Tierras Puras. Estas Tierras Puras pueden considerarse como cielos budistas, si usted quiere.

Tierra Pura Occidental de Dicha: éste es el nombre completo de la Tierra Pura donde el Buda Amitabha enseña en la actualidad. El nombre sánscrito de la Tierra Pura de Amitabha es Sukhāvatī, y se conoce en chino como Jílè 極樂 ("Dicha Definitiva"), Ānlè 安樂 ("Dicha Pacífica"), or Xītiān 西天 ("Cielo Occidental"). Es, con mucha diferencia, la Tierra Pura en la que los habitantes de nuestro mundo pueden alcanzar más fácilmente el renacimiento.

Transcendental: cultivamos para aprender cómo transcender la Triple Esfera. Los que han conseguido esto, se dice que tienen sabiduría transcendental.

Tres Senderos Malignos: los Tres Senderos Malignos, que también se conocen como los tres destinos malignos, se refieren a los infiernos, la esfera de los fantasmas hambrientos y la esfera animal. Cuando uno crea karma por la acción de los tres venenos, uno crea las causas para caer en los tres destinos malignos tras la muerte.

Tres Venenos: los Tres Venenos son codicia, ira y estupidez. Estos tres defectos de carácter nos envenenan y corrompen nuestra Naturaleza de Buda.

Triple Esfera: a menudo es llamada samsara, la Triple Esfera consiste de las Esferas del Deseo, con Forma y sin Forma, por las que los seres vivos se mueven dentro de la "rueda de la reencarnación". Practicamos para escapar de esta transmigración incesante.

Triple Joya: también conocida como Triple Gema, la Triple Joya consiste de: 1) La Joya del Buda –todos los Budas del Universo, 2) la Joya del Dharma –las enseñanzas de todos los Budas, y 3) la Joya de la Sangha –las personas que han dejado el hogar.

Una Mente Sin Confusión: éste es otro término para el samadhi de Recitación de Buda.

Vajra: es el nombre de la sustancia más dura del universo. No es algo que pueda extraerse, debe cultivarse con el Budadharma.

Voto: hacer votos es el segundo de los tres requisitos para la práctica de la Tierra Pura. Uno debe resolver alcanzar el renacimiento en la Tierra Pura porque los Budas y Bodhisattvas nunca forzarían la voluntad de los creyentes.

Yo: el pequeño yo es simplemente nuestro yo insignificante y egoísta; el Gran Yo es la Naturaleza de Buda.

El Buda Amitabha

Maestro del Dharma YongHua

Biografía del Maestro YongHua

Nativo de Vietnam, el Maestro del Dharma YongHua vino a los Estados Unidos para ir a la Universidad, donde obtuvo los Títulos de "Bachelor of Science" (Graduado en Ciencias) y de Máster en Administración de Empresas, con la aspiración de, con el tiempo, regresar a Vietnam para ayudar a su país devastado por la guerra. Sin embargo, después de ascender en la carrera corporativa y llegar a posiciones de dirección ejecutiva, se vio desilusionado con el mundo de los negocios. En esos años, tuvo contacto con las enseñanzas del Gran Maestro Xuan Hua, que le inspiró a iniciar el entrenamiento monástico. Pronto descubrió que había descubierto su auténtica vocación, y decidió dedicar el resto de su vida a servir al budismo.

El Maestro YongHua no sólo estudió meditación en el Linaje Gui Yang del Gran Maestro Xuan Hua, sino que también heredó el Linaje Lin Ji del Maestro Man Giac. Ahora que ha investigado el Mahayana durante más de 20 años, el Maestro YongHua continúa la tradición budista de "corresponder la bondad de sus maestros", hablando extensamente sobre el Budadharma y entrenando vigorosamente la siguiente generación de cultivadores. En estos años pasados, muchos de los estudiantes del Maestro YongHua se han convertido en meditadores realizados y practicantes de la Tierra Pura.

El Maestro YongHua promueve la práctica paralela del Chan y la Tierra Pura. De este modo, los que tienen potencial pueden obtener la liberación inmediatamente por medio del Chan. Además, al final de su vida, los que realmente creen, tendrán la oportunidad de renacer en la Tierra Pura. El Maestro YongHua ofrece una explicación contemporánea y práctica de las antiguas enseñanzas de Buda, para ayudarnos a penetrar en la sabiduría de los sabios y aplicarla a nuestras vidas diarias, esperando que todos los seres vivos escapen rápidamente del sufrimiento y obtengan la dicha.

Notas

[1] (Nota del traductor) Suele traducirse al castellano en su forma plural, Skandhas, como "Agregados".

[2] Los asuras son una de las seis esferas de renacimiento, junto con los infiernos, fantasmas, animales, humanos y esferas celestiales.

[3] Algunas personas evitan el término "Hinayana" y lo consideran despectivo. Sin embargo, aquí no se usa en sentido despectivo, sino que quiere transmitir que las enseñanzas Mahayana tienen un enfoque diferente y una mayor amplitud. Además, usamos el término "Hinayana" para mantenernos fieles al lenguaje usado en los Sutras Budistas y los comentarios.

[4] "Cultivar el Camino" es una expresión Budista que técnicamente se refiere a la práctica de las Cuatro Verdades Nobles, tratadas en el Capítulo 8. Sin embargo, también puede referirse, en un sentido general, a cultivar cualquier método Budista para alcanzar la iluminación.

[5] Los que estén interesados en aprender más sobre la "confusión de morar en el vientre" y la confusión de la "separación del yin", deberían consultar libros más avanzados donde se expliquen estos conceptos.

[6] Las Diez Fes se encuentran entre los estadios de práctica por los que los Bodhisattvas deben pasar en su camino a la Budeidad.

[7] Después de pasar por las Diez Fes, los Bodhisattvas deben lograr después las "Diez Moradas", que son estadios más avanzados de la práctica de un Bodhisattva.

[8] El Sutra Corto sobre Amitabha con comentarios está disponible en www.chanpureland.org/publications.

[9] Para algunos, esta puede ser una forma extraña de ver la comida, pero piense sobre ello de este modo: Nuestros cuerpos están deteriorándose constantemente, y, sin combustible para las

reparaciones necesarias, seríamos incapaces de funcionar. Ocurre también que estamos acostumbrados a esta dependencia y la consideramos como natural, pero en realidad es una especie de enfermedad por la que todos debemos pasar.

[10] (Nota del traductor) Como ya comentamos antes suele traducirse por "agregados".

[11] (Nota del traductor) En Inglés "pungent", la palabra española "pungente", no tiene el mismo significado según el diccionario, aunque se utilice en algunas traducciones.

Made in the USA
Middletown, DE
23 August 2024

59045466R00155